ソーシャルワークを学ぶ

福祉を学ぶシリーズ

相澤讓治
　編著

増子　　正
山本眞利子
小嶋　章吾
相澤　讓治
緑川　浩子
角田　芳伸
杉山　正樹
上田　征三
村上　信
高橋　実
岩佐美奈子
農野　寛治
林　　信治
植戸　貴子
秋山　道男
高間　満
窄山　太
嶌末　憲子
　共著

学文社

編著者紹介 (執筆順)

　　増子　　正　　仙台大学（Ⅰ-1）
　　山本　眞利子　岡山県立大学短期大学部（Ⅰ-2・3）
　　小嶋　章吾　　大正大学（Ⅱ-4）
　　緑川　浩子　　ジェイク医療福祉技術専門学校（Ⅱ-5・6）
　　角田　芳伸　　羽陽学園短期大学（Ⅱ-7, Ⅲ-20）
　　杉山　正樹　　金城大学（Ⅱ-8）
　　上田　征三　　福山平成大学（Ⅱ-9）
　　村上　　信　　静岡県立大学短期大学部（Ⅱ-10, Ⅲ-21）
　　高橋　　実　　福山市立女子短期大学（Ⅱ-11, Ⅲ-16）
＊相澤　譲治　　平安女学院大学（Ⅲ）
　　岩佐　美奈子　ミード保育園（Ⅲ-12）
　　農野　寛治　　大谷女子大学（Ⅲ-13）
　　林　　信治　　帝京医療福祉専門学校（Ⅲ-14）
　　植戸　貴子　　神戸女子大学（Ⅲ-15）
　　秋山　道男　　キリスト教社会福祉専門学校（Ⅲ-17）
　　高間　　満　　福岡県立大学（Ⅲ-18）
　　窄山　　太　　大阪府企画調整部（Ⅲ-19）
　　鳶末　憲子　　埼玉県立大学（Ⅲ-22）

＊印は編者

は　し　が　き

　本書は，社会福祉援助技術論（社会福祉士養成課程），精神保健福祉援助論（精神保健福祉士養成課程），社会福祉援助技術（介護福祉士養成課程），社会福祉援助技術（保育士養成課程）で活用できる教材である．また，目次でおわかりのようにケアカンファレンスの方法，事例研究の方法等をふまえて，各社会福祉実践現場，病院，在宅におけるソーシャルワークの実際の事例を掲載しているので社会福祉援助技術演習，精神保健福祉援助演習においても活用展開できるように配慮している．社会福祉士，介護福祉士養成課程では，援助技術演習の充実が強調されている．それは，援助者としての技能（スキル）の体得が実際の援助には必要不可欠だからである．他方，現在社会福祉，保健福祉等の現場に従事している方々にとっても自分自身の技能を向上させていくために本書を活用していただければと考えている．

　そこで，類書が多い中で本書の特徴は以下の点にある．
① 　ソーシャルワークの基礎知識のみでなく，各種事例を通してソーシャルワークの実際を学ぶことができる．
② 　実際に人が人を援助していくためには，自己理解（自己覚知），他者理解，コミュニケーション技能の習得が不可欠である．ソーシャルワークの専門的な学びの前にこの点について演習的に学ぶことができる章を設けている．
③ 　サービス利用者に対する援助を展開していくためには，援助者としての技能を向上させていかなければならない．そのために，記録の方法，事例研究の方法，ケアカンファレンスの方法等の章を設けている．
④ 　講義科目だけではなく，演習科目においてもまた現任訓練にも活用できる．

　各章の執筆者は研究者として，実践者としてそれぞれの現場で活躍している方がたである．お忙しい中，ご執筆いただいたことに感謝いたしたい．また，

今回も学文社田中千津子社長にたいへんお世話になった．厚く御礼を申し上げる．

2001年2月1日

編　者

ソーシャルワークを学ぶ　　目　次

I　人が人を援助するとは ………………………………………1
　1　援助者としての自分を知る ……………2
　　§1　援助関係における双方の立場 ……………2
　　§2　援助者に求められるもの ……………2
　　§3　援助者が自己を知ることの意義 ……………3
　2　他者をよく知る ……………8
　　§1　相手を観察する ……………8
　3　人と交わる ……………12
　　§1　人と人の違い ……………12
　　§2　人を理解するには ……………13
　　§3　共　感 ……………14

II　ソーシャルワークの基礎知識 …………………………………17
　4　ソーシャルワークの意味と種類 ……………18
　　§1　ソーシャルワークの意味 ……………18
　　§2　ソーシャルワークの種類 ……………20
　5　ケースワークの原則と過程 ……………23
　　§1　ケースワークの原則 ……………23
　　§2　ケースワークの過程 ……………25
　6　グループワークの原則と過程 ……………29
　　§1　グループワークの原則 ……………29
　　§2　グループワークの過程 ……………31
　7　コミュニティワークの原則と過程 ……………35
　　§1　コミュニティワークの原則 ……………35
　　§2　コミュニティワークの過程 ……………35
　8　ケアマネジメントの意味と過程 ……………39

§1　ケアマネジメントの意味……………39
　　§2　ケアマネジメントの過程……………40
　9　記録の意義と方法……………44
　　§1　記録の意義と役割……………44
　　§2　ソーシャルワークにおける記録の実践……………45
　10　ケア（ケース）カンファレンスの方法……………50
　　§1　ケアカンファレンスの意義……………50
　　§2　ケアカンファレンスの方法……………51
　11　事例研究の方法……………55
　　§1　事例研究の目的と種類……………55
　　§2　事例研究の方法……………56
Ⅲ　ソーシャルワークの実際……………………………………65
　事例理解のためのトレーニング……………66
　12　保　育　所……………76
　　§1　クライエントの紹介……………76
　　§2　援助のプロセス……………78
　13　児童養護施設……………85
　　§1　クライエントの紹介……………85
　　§2　援助のプロセス……………85
　14　重症心身障害児施設……………91
　　§1　クライエントの紹介……………91
　　§2　援助のプロセス……………92
　15　身体障害者療護施設……………97
　　§1　クライエントの紹介……………97
　　§2　援助のプロセス……………98
　16　知的障害児（者）施設……………102
　　§1　クライエントの紹介……………102

§2　援助のプロセス …………… 104
17　特別養護老人ホーム …………… 109
　§1　クライエントの紹介 …………… 109
　§2　援助のプロセス …………… 112
18　福祉事務所 …………… 114
　§1　クライエントの紹介 …………… 114
　§2　援助のプロセス …………… 115
19　児童相談所 …………… 119
　§1　クライエントの紹介 …………… 119
　§2　援助のプロセス …………… 119
20　社会福祉協議会 …………… 124
　§1　事例の紹介 …………… 124
　§2　援助のプロセス …………… 126
21　病　院 …………… 129
　§1　クライエントの紹介 …………… 129
　§2　援助のプロセス …………… 130
22　在　宅 …………… 134
　§1　クライエントの紹介 …………… 134
　§2　援助のプロセス …………… 135

索　引 ……………………………………………………………… 139

I

人が人を援助するとは

☆　☆　☆

1　援助者としての自分を知る

§1　援助関係における双方の立場

　人が，苦しむ人の相談にのることは本当にむずかしく，自分の尺度で考えると取るに足らないことが，時として人の生死の問題に発展することさえある．

　社会福祉の対人援助は，援助をうける側と援助提供する側の双方が存在して相互にかかわりをもちながら進展する．それだけに，援助者にはクライエントの理解と，問題となっているものが何であるのかを十分に引き出すことが要求されてくるのである．それでは，どのような過程で援助活動は進展していくのであろうか．

　人は誰もが，直感という感性で生活しているため，人の痛みや苦しみも最初は直感的に理解して当然のことであるが，相手を受容することは，ここでいう自分の直感を手がかりに相手の感情をどこまで理解するかにかかってくるといえる．裏返していえば，相手の感情に援助者自身をどこまで届かせることができるかということである．

§2　援助者に求められるもの

　援助関係をつくる時，クライエントはまず受身の立場で参加している[2]．クライエントは，現在抱えている問題を解消するための社会的条件や社会資源に関する知識も乏しく，相談することによって解決の糸口を必死で模索しているからである．ここでは，両者の関係をつくっていく場合のイニシアチブは当然のことながら，援助者側がとらなければならない．つまり，援助者は援助活動のなかで重要な役割を担っているわけである．

ケースワークの基本であるクライエントへの積極的関心や，受容態度を形成するためには，人間尊重，冷静な判断力，職業倫理，傾聴，共感的理解などがあげられる．「バイステック（Biestek）の7原則」はよく知られているところである．

しかし，よく考えてみると，クライエントも援助者も同じ人間であり，相手に対する思いやりや冷静な判断力も時として具体的援助にまで発展しない場合も起こり得る．

たとえば，あなたの家族や恋人がかなり困難な問題を抱えているとすれば，当然あなた自身，何らかの感情に影響をうけ，事態を冷静に判断し対処することは困難になるはずである．クライエントの心の傷が深い状態であればあるほど，クライエントは援助者であるあなたを疑いの思いでとらえるものであり，そこには見せかけのラポール（信頼関係）すら存在しなくなる．しかし，この現象は，すべての人間が共通にもっている宿命のようなものである．

大切なのは，援助者自身，自分はどのような場面で，どのような行動や態度をとる傾向にあるのかをよく知っていることに尽きるといってよい．

§3 援助者が自己を知ることの意義

社会福祉援助活動における自己理解は特別な意味をもつわけではない．援助者としての自分はどのような個性やもち味をもっているのか，またそれが援助活動にいかなる影響を与えやすいかを知っておくことなのである[3]．

われわれは，事あるごとに「あなたの長所と短所は」と尋ねられる．これがなかなかいえない．短所探しは時として自己反省と改善を要求されているような錯覚にさえ陥る．自分を反省することも時には必要ではあるが，それがイコール自分と向き合うことではない．

社会福祉の援助活動における自己理解とは，自分の長所，短所，能力，個性を含めて多面的に自分を知っていることであり，それがクライエントとの関係をつくるうえで大切なのである．

日常生活のなかで，"苦手なタイプ"の人，"好感のもてるタイプ"の人は誰にでも存在するであろう.[4] 当然のことながら，援助活動の対象にも"苦手なクライエント"と"得意なクライエント"が存在するはずである．これでは，公平な援助が提供されないことにもなり，援助者側の援助に注ぎ込むパワーが半減するどころかまったく意味のないものになりかねない．

　クライエントにかかわる時，自分のかかわり方の傾向を知っていればその偏りを少なくすることが可能になる．つまり，観察の癖や傾向を知っていれば観察をより深く幅の広いものにすることができるのである．

　以上，一般的に社会福祉援助技術における自己理解について述べたが，もうひとつ大切なことを付け加えておかなければならない．

　援助活動はラポールが成立することが出発点であるとすれば，クライエントは人と人の信頼関係のなかで，安心して援助者に問題の解決をゆだねるのである．では，クライエントは，どうやって援助者を信頼できる相手だと理解するのであろう．

　それは，援助者の身振り，しぐさ，ことば，行動などから判断しているのである．援助者自身，クライエントから観察されていることを忘れてはならない．すなわち，援助者は自らの長所や短所，好き嫌いの傾向などの内面的な自分だけでなく，行動やしぐさ，ことばづかいにいたるまでを知っておく必要があることになる．

　そこで，自分自身を点検し理解し直す方法を考えてみることにする．

　ロールプレイは，自分を点検する方法として有効な手段である．自分がしていることは，自分にはみえないし，自分の使っていることばが相手にどのように伝わっているのか，自分の身振りなども誰かに観察してもらって，自分の姿を理解することができるからである．

　つまり，ロールプレイは，すでに取得している自分自身の過去の癖が発見できる訓練ということになる．

　次に，この自己発見のための演習を紹介する．

【演習1】
　あなたが日頃使っていることばは，誰にでも理解されることばだろうか．援助活動においてはさまざまなクライエントが対象になる．そこで，社会福祉の援助活動に携わるうえでの信条でよくあげられる次のことばを，10歳の子どもが理解できるように説明してみよう．
　①責任感，②生きがい，③誠実さ，④冷静
　2人ペアーになり，ひとりは子ども役を演じあなたが子どもに説明する．
　演習に参加している他の人は，説明している援助者をよく観察して，ロールプレイ終了後に気がついた点について話し合う．
《ふりかえり》
　援助者のことばは，10歳の子どもに伝わっただろうか．
　演習に参加している人は，演じている人をどれだけ観察できただろうか．
　援助者役のあなたは，気づいていない自分の話し方の癖や身振り，態度を見つめ直す機会になっただろうか．

【演習2】
　演習1と同じ方法で，78歳のおばあさんに，在宅の高齢者に関係の深い次の用語を説明してみよう．
　① デイサービス，② A・D・L，③ リハビリテーション，④ ショートステイサービス，⑤ ノーマライゼーション
《ふりかえり》
　社会福祉を学んでいる学生や，援助者側にとっては，仕事上普通に使っている用語であるのだが，それらの言葉を相手にわかりやすく伝えることができる人が専門職者であるといえる．インフォームド・コンセントの考え方を具体化していくためには，自分自身が使っている用語を再認識していく作業が不可欠であるといえよう．

【演習3】

あなたは，どれだけ自分自身を知っているだろうか．

あなた自身のことについて，「私は，○□△である」を20項目書き出してみる．

また，あなたがもっとも大切にしている人を思い浮かべて同じように「○△さんは，□△○である」を20項目書き出してみる．相手の名前などは書かなくてもよいので，思いつくままを書いていけばよい．

《ふりかえり》

あなた自身と，大切にしている人について20項目を書き出すことができただろうか．

書き出した項目をみつめてみると，自分自身への観察と，他人に対する観察には，ある共通した視点で観察していることに気がつくはずである．

外面的な角度からの観察を主とする傾向の人と，内面的な面からの観察を主とする人と，観察の視点に偏りがみられたのではないだろうか．

つまり，これもあなた自身の観察の癖なのである．自分自身の観察の傾向を知ることがより深く相手を観察することにつながることを認識する機会になったであろう．

このトレーニングを，ある程度の期間をおいて，今度はより具体的な書き方で繰り返していただくと，自分自身の観察の視点の変化に気づくことができる．

注
1) 米川文雄『こころの行動学』ソフィア，1996年，p.6
2) 尾崎 新『社会福祉援助技術演習』誠信書房，1997年，p.6
3) 同上，p.20
4) 同上，p.111

参考文献
・川瀬正裕ほか編『新自分さがしの心理学』ナカニシヤ出版，1999年

- 奥田いさよ編著『対人援助のカウンセリング』川島書店，1998年
- 岡本民夫編著『社会福祉援助技術演習』川島書店，1995年
- 黒澤貞夫『福祉実践演習ブック』中央法規出版，2000年
- 平山　尚ほか『社会福祉実践の新潮流』ミネルヴァ書房，1999年

2　他者をよく知る

§1　相手を観察する

　相手を観察し，知るうえで，非言語的（ノンバーバル）な方法と言語的（バーバル）な方法を手がかりにする方法がある．ノンバーバルな方法とは，人のしぐさや，声の調子，ピッチ，トーン，手や足の動きなどをさしており，バーバルな方法とは人のことばをさしている．まず，ノンバーバルな方法から考えてみよう．

【演習1】

　ペアーになって，自分の興味や関心のあることを相手に話してみよう．そのとき，ペアーの周りに3～4名の観察者をおく．どちらかひとりが，聞き手になりもう一方が話し手になる．話が終了した時点で，聞き手と話し手に意見を聞いてみよう．また，観察者にも，気づいたことを聞いてみよう．

《ふりかえり》

　話し手のノンバーバルな特徴がつかめたであろう．話し手は，自分が強調したいところでは，声が大きくなったり，手や目を動かし身体を前かがみにしていたということはないだろうか．一方，聞き手は，その人が話しやすいようにうなずいたり，ジェスチャーを使っていたということはないだろうか．また，困惑したところでは，頭を傾けたり，顔をそむけたり，髪をさわったりしていなかっただろうか．これらのノンバーバルな特徴は，人それぞれ異なっており，その人なりの特徴がおのずと現われるものである．このように，相手のノンバーバルな手がかりを観察することで，相手の状態や心情が理解できる．だが，ここでとくに留意しておかねばならないことは，相手のノンバーバルな特徴に注意を払い相手を観察すると同時に，観察している側も相手から観察されていることである．そのため，人にかかわるときは，相手のノンバーバルな反

応だけではなく，自分自身のノンバーバルな反応についての理解も深めておく必要がある．

(1) ノンバーバル反応

いろいろな，ノンバーバルな反応を行ってみて，どのように感じるか経験してみよう．

① アイコンタクト

【演習2】

まず，お互いに目を合わせずに，一方が話し手になり，もう一方が聞き手になってみよう．話し手は，聞き手の顔をみてもよいが，聞き手は話し手の顔をみてはいけない．このような，ロールプレイを行った後で，聞き手と話し手それぞれの感想や意見をいい合ってみよう．観察者は，それぞれの様子から気づいたことを後で話してみよう．

《ふりかえり》

とても，緊張した雰囲気になったであろう．けんかをしているわけではないが，まるで，仲が悪いのではないかというような印象に映ったことだろう．聞き手は，相手の話を一生懸命理解しようとするが，とてもむずかしかったのではないだろうか．これは，人を理解するうえで，相手の目の動き，しぐさから情報を受け取れないからである．また，話し手は，とても話しにくかったのではないだろうか．話が一方通行になったようで，かみ合っていない．理解されているとは感じられなかったかもしれない．それに，相手との距離や不自然さを感じたかもしれない．人が話す時は，相手の承認や確認を求めるものであるが，これらがないことによって，話がプツリ，プツリと切れてしまい続かず不安になったのではないだろうか．

② 腕組みと足組み

【演習3】

　今度は，ペアーになって，聞き手が足を組み，腕を組みながら，相手の話を聴く．話し手は，足を組まず腕も組まないままで話をする．このロールプレイを行った後で，お互いにどのような感じがしたかを話しあってみよう．観察者はそれぞれの様子から気づいたことを後で話しあってみよう．

　話し手は，自分がなにかさげすまれているように感じたかもしれない．相手の方が自分よりも偉いような，見下されているような感じがしたのではないだろうか．話し手も，どこか話しづらく，自分の思うところを自由に語れなかったのではないだろうか．この関係は，上下の関係で対等の関係ではないようにも思えただろう．このようなときは，相手との壁を感じ，人は，心を閉ざしてしまう．聞き手も，本当は，歩み寄ろうとしているのかもしれないが，反応がそれとは一致していないため，自己矛盾や違和感のようなものを感じる．このように，自分がどのようなときに違和感，心地悪さを感じるのか知っておくとよいだろう．

(2) バーバル反応とノンバーバル反応

　これまで，主にノンバーバルな反応による相手の理解の仕方を中心に述べてきた．だが，人はバーバル反応とノンバーバル反応を同時に行っていることが多い．バーバルなことばとノンバーバルな反応にはそれ自体に意味がある．たとえば，「悲しい」という人の顔つきは，どのようなものだろう．目を下に伏せて，頭をうなだれているのではないだろうか．これが自然な反応ではないだろうか．そのとき，思わずハンカチを握りしめていたとするなら，その人は，悲しい感情をなんとかこらえようとしているとも思われる．こうやって，バーバルな反応とノンバーバルな反応から多くの情報が送られ，それを受け取ることで，その人についての理解が深まる．だが，ここで，留意しておかなければならないことは，ノンバーバルな反応とバーバルな反応との矛盾である．たと

えば，話し手が「彼に別の恋人ができたらしいの．今，とても悲しいの」といったとしよう．だが，その女性は，笑みを浮かべて，まっすぐに前を向きつつも，手では，ハンカチをもみくちゃにしている．このようなとき，あなたは，どのような感じがするだろう．どのようなことばをかけるだろう．

【演習4】
ロールプレイをした後で4～5人のグループになって話しあってみよう．

このような場合，彼女のことばのバーバルな反応と身体のノンバーバルな反応とが一致しておらず矛盾している．どこか変な感じが伝わってくるだろう．もしかすると，彼女は，捨てられた自分を恥ずかしく思っていて，つらい気持ちを無意識に隠そうとしているのかもしれないし，彼のことは，もう，どうでもいいと本当に思っているのかもしれない．くやしいのかもしれない．さまざまなことが考えられるのであるが，これはいいかえると，聞き手はわかりにくさを経験しているのである．何か「心地悪さ」や「違和感」のようなものを感じるのである．聞き手は，この自分の内で起こっていることに気がつきそれを大切にする必要がある．もし，聞き手が，ここで，わからないと切り捨てていくなら，そこからは何も産まれないだろう．しかし，このわかりにくさに，向き合っていくことで，そこに隠されているものが発見でき，それが意外と，相手との距離を埋め，内容を深めていくことにもなる．

以上，相手を知ることの重要性について述べてきた．相手を知るうえで，非言語的なノンバーバルなものと言語的なバーバルなもの両者が鍵となる．だが，いずれにしても，聞き手が相手のみならず自分自身の経験に開かれ，そこで起こっていることに耳を澄ませ感じとることがとても大切なのである．

3　人と交わる

§1　人と人の違い

　人と交わるということは，相手と自分との共通の枠組を築くことである．人と交わるうえで，援助者が前提として理解しておかねばならないいくつかの点をあげる．まず，人と人の違いについて考えてみよう．人は，それぞれ，独自の経験を通して培ってきたものの見方，対処の方法，信念などをもっている．これらをその人の枠組という．この枠組によって，人は判断し行動する．そのため，同じような状況に遭遇しても，その状況のとらえ方や対応の仕方は異なる．たとえば，次の事例をみてみよう．

【演習1】

　あなたの友達をひとり，思い浮かべよう．あなたは，今朝，自分からその友達に「おはよう」と挨拶をした．しかし，その友達は，あなたの前を横切ったものの，あなたに挨拶してくれず他の友達のところにいってしまった．この時，あなたは，どのように思うだろう．また，この時，あなたはどんなふうな行動をとるだろう．自分で考えた後で，4～5人のグループになって話しあってみよう．

《ふりかえり》

　人，それぞれのパターンがあることがわかっただろう．同じ状況に遭遇したとしても，ある人は，平気で，「どうしたの？」「どうして，私が挨拶してるのに答えてくれないの」といえるだろう．でも，ある人は，「自分が嫌われているのではないか」「何か悪いことをしたかなあ？」と自分のことを振り返るかもしれない．そして，その場から，離れてしまうかもしれない．どのようなとらえ方が良いか悪いかということではないが，人にはそれぞれ自分とは異なるものの見方があることを知ると同様に，自分自身の特徴について理解しておく

必要があろう．

§2　人を理解するには

　人は十人十色といわれるように人それぞれである．そのため，人を援助しようとする援助者は，できるだけ相手の枠組を理解しそれを共有するよう試みる．それには，援助者は相手の世界に入れてもらわなければならず，相手の見方や，感じ方，考え方，信念などを知らねばならない．そのために，援助者は，まず相手の話を傾聴することからはじめる．

(1)　傾　聴
① 　正確に把握する

　傾聴とは，どういうことなのだろう．これは，たとえば，ただ，一方的に流れてくる情報を受け取るということではない．テレビをみている場合を考えてみよう．画面に写った人が何かを話してはいたが，何をいったのか後で振りかえっても，あまり記憶に残っていないことがある．これは，漠然とある情報を聞き流しているだけで，傾聴とはよべない．傾聴するとは，聞き手が，相手の話の内容に興味をもち，関心をよせ意識を集中して，相手がいおうとしたこと，伝えようとしたことを把握すること，つまり，相手の話の内容を，聞き手が共有することなのである．では，次の事例で，傾聴について考えてみよう．

【演習2】

　2人でペアーを組んでみよう．ひとりが，話し手になり，もうひとりが聞き手になってみよう．その後で，聞き手は，話し手がどのような内容を伝えようとしていたかを述べ，お互いに話し合ってみよう．

② 　自分の枠組に左右されない

　傾聴するために，重要な聞き手側の留意点がある．それは，自分自身の枠組に左右されずに話し手の内容を理解することである．聞き手も人間であり，こ

れまでの経験や体験から培った見方や信念がある．このために，物事を判断することができるのであるが，話し手の話を聴く時に，この聞き手自身の枠組がかえって邪魔になる場合もある．次の事例で聞き手の枠組について考えてみよう．

【演習3】

以前からよく知っていた男友達に相談をもちかけられた．彼は，ある夜，ふっとしたことで知り合った女性と関係をもってしまった．彼は，その女性のことがとくに好きではなかったのだが，なりゆきでそうなった．女性は，彼のところにたびたび，連絡をしてくるようになった．彼は，その彼女とつきあうつもりはなく，彼女を傷つけないように，なんとか離れてはくれないかと考えていた．あなたは，この彼について，どのように思うだろう．

《ふりかえり》

この事例を読むと，女性の立場から彼をみてしまわなかっただろうか．自分勝手とか，虫がいいという考えが生じたのではないだろうか．もし，あなたが，このような考えを彼に伝えたとしたら，彼は，どうするだろう．彼は，もう，あなたに相談しなくなるかもしれない．このように，自分の枠組で相手をみたり，相手の話を聴いてしまうことがある．このような考えが浮かばないようにするということはむずかしいが，自分の枠組で相手を評価している自分自身に気づいておく必要はあるだろう．

§3　共　感

傾聴することで，相手の話を共有することができる．だが，傾聴に留まっているなら，話し手のことばの真意がくみとれない．聞き手が，話し手の真の意味を理解しようとする時，聞き手は，自分の枠組ではなく，できるだけ，話し手の枠組からとらえ，話し手が感じているように，考えているように把握する．このように，自分の枠組ではなく，相手の枠組からとらえ感じることを共感とよぶ．

【演習4】

　たとえば，ある失恋した女性を想定してみよう．彼女は，つきあっていた男性に誠実に向き合い彼を信じてきた．だが，その男性には，同時につきあっていた女性が他にもいた．そのことを彼から知らされ「自分を信じてほしい」といわれ，彼女はなおも彼を信じた．だが，ある頃から彼が冷たくなり，電話をしても手紙を出しても，返事がこなくなった．その後，彼から別れ話が出た．彼女は，なぜそうなったのか納得できずに彼に聞いたが，彼は，彼女の前から姿を消した．それから，彼女は，彼のことを思うたびに，はきけや頭痛がするようになった．

　あなたは，この女性にどのようなことばがけをするだろう．ペアーになって，どちらかが，この女性になり，もう一方が聞き手になって，ロールプレイをしてみよう．

《ふりかえり》

　いろいろなことばがけがみられただろう．「もう，終わったことだから，忘れてしまった方がいい」「元気を出して，大丈夫だよ」「そんな男，放っておいて，これからのことを考えた方がいい」．このような，ことばがけをした人も多いだろう．その時，彼女役の人は，どのような気持ちになっただろう．このようなことばがけは，この女性にとっては，「良いもの」かもしれない．だが，今の彼女には，ピントこなかったのではないだろうか．なぜなら，このようなことばがけは，彼女の枠組からではなく，聞き手の枠組から出たことばであって，彼女の「今，ここで」の経験に沿ったものではないからである．彼女の「今，ここでの」経験を探って表現してみよう．

【演習5】

　彼女の枠組に沿ったうえでのことばがけにはどういうものが考えられるだろうか．

以上，人と交わるうえで留意しておかねばならないことをあげてきた．すなわち，人と交わる時，どうしてもその人自身の枠組が影響する．それは，必要なものではあるが，反対に人の理解を阻害するものでもある．そこで，人は自分自身がどのような枠組をもっているか知っておく必要がある．そのうえで，人は，相手の世界がどのようなもので，相手の経験がどのようなものかを相手の枠組からとらえて，共感する．そうすることによって，相手との世界を共有することができるのである．

参考文献
- アレン・E. アイビィ著，福原真知子ほか訳編『マイクロカウンセリング』川島書店，1987年
- 奥田いさよ編『対人援助のカウンセリング』川島書店，1993年
- ジェラード・イーガン著，福井康之ほか訳『カウンセリングワークブック』創元社，1993年
- 玉瀬耕治『カウンセリング技法入門』教育出版，1998年

Ⅱ

ソーシャルワークの基礎知識

☆　☆　☆

4　ソーシャルワークの意味と種類

§1　ソーシャルワークの意味

(1)　ソーシャルワークの起源と発展

　ソーシャルワークの起源は，人びとの相互扶助・宗教的な慈善・博愛の思想などの影響をうけながら，19世紀の欧米において発展していった社会的な活動にある．代表的には，友愛訪問員による貧困者に対する個別的な援助を行った慈善組織協会（COS）活動や，貧困地域に住み込んでグループあるいは地域全体に対する援助を行ったセツルメント活動である．とくに，産業革命により階級分化が急速に進み，「持てる者と持たざる者」という貧富の差が拡大し，劣悪な衣食住や労働環境のもとで，「貧困と疾病の悪循環」により人びとの生活問題が増大していったことが社会的背景となっている．

　また，社会調査によって，生活問題の原因が個人の欠陥など個人的な問題にあるのではなく，社会の仕組みに問題があるという，社会的な問題であることが徐々に解明されていった．援助方法についても，個人の成長発達や社会発展の法則，個人と社会との関係などについて科学的な解明が進められ，ソーシャルワークの理論と技術が体系化していった．

　このように，ソーシャルワークは，もともと貧困者などに対する人びとの自発的で善意に基づく実践から始まり，次第に児童，障害者，高齢者など援助の対象が拡大するとともに，実践の科学化が進んでいった．今日のように，ソーシャルワークが社会福祉の政策や制度のもとに位置づけられるようになって，ソーシャルワーカーという社会福祉専門職が確立していった．

(2) ソーシャルワークの定義

① ソーシャルワークの理念と目的

ソーシャルワークとは，人権尊重，自立・自律や自己実現の促進，ノーマライゼーションの実現など社会福祉の理念に基づき，さまざまな生活問題やニーズをかかえる人びと（個人，家族，グループ）を支援・強化したり，人びとをとりまく環境（近隣，地域，組織，その他さまざまな社会制度）を改善・開発したりすることによって，人びととその環境との関係を改善・強化するための介入を行う専門技術（社会福祉援助技術）のことをいう．

② ソーシャルワークの過程

個人，グループ，地域，組織，社会制度と，介入の対象が異なっていても，ソーシャルワークの展開過程には共通性がみられる．それは，① 生活問題やニーズの把握，② 事前評価（アセスメント），③ 介入計画の立案（プランニング），④ 介入（インターベンション）の実施，⑤ 介入の経過観察（モニタリング），⑥ 事後評価（エバリュエーション）と終結，という段階に沿って展開する．当然のことながら介入の対象によって，介入の原則や各段階における介入の内容にはそれぞれの特徴がみられる．

③ ソーシャルワーカーの役割と技能

ソーシャルワークの役割は，相談や助言，心理的サポート，家族関係の調整，サービスの提供者と利用者間の調整，グループ活動の促進，地域住民や団体の組織化，権利擁護，社会資源の活用・改善・開発など，多岐にわたっている．このようなソーシャルワークを展開する前提として，ソーシャルワークの担い手には，問題や課題の発見，ラポール（信頼関係）形成，コミュニケーション，面接，記録，チームワークなど基本的な技能が求められる．

④ ソーシャルワーカーの専門性と資質

ソーシャルワーカーの専門性は，専門知識，専門技術，価値からなり，社会福祉士資格や社会福祉主事任用資格などの資格制度や養成課程が定められている．とくにソーシャルワーカーは対人援助専門職として人びとの生活や人生に

大きな影響をもたらす職業であるから，クライエントの利益優先，個別性の尊重，受容，秘密保持など高度な職業倫理が求められ，専門職団体では倫理綱領が掲げられている．こうした専門性を発揮する前提として，豊かな教養はもちろん，自己覚知（深い自己理解），主体性（自らの意思で判断や行動ができること），社会性（さまざまな人びとと関係を取り結んだり積極的に社会とかかわること）を深めることが求められる．

§2　ソーシャルワークの種類

(1) ソーシャルワークの技術

ソーシャルワークは，次のような幅広い専門技術の総体である．

① ケースワーク（個別援助技術）

面接による心理的サポートや社会資源の活用によって，クライエントが主体的に問題解決に取り組めるように個別的に援助するための技術である．なお面接には，相談室で行われるような時間や場所などが構造化された面接のほか，生活場面面接のようにクライエントの家庭や施設内の生活空間の場で，介護などをしながら行われる面接がある．

② グループワーク（集団援助技術）

話し合いやレクリエーションなどグループのプログラム活動によるメンバーの相互関係の活用によって，メンバーの成長発達や主体的に問題解決を図ることができるようにグループを援助するための技術である．

③ コミュニティワーク（地域援助技術）

地域社会の問題解決や福祉的な地域社会（福祉コミュニティ）づくりのために，地域住民や関係機関の組織化や連絡・調整，社会資源の改善・開発を展開し，地域社会を支援するための技術である．

④ ソーシャルワークリサーチ（社会福祉調査法）

生活問題やニーズや状況を把握したり，介入の効果測定などを行うために各種の調査技法を活用する技術である．調査方法には，量的調査法（大量の数量

的なデータを用いる統計調査）と，質的調査法（少数の事例をデータとして用いる事例調査）がある．

⑤　ソーシャルアドミニストレーション（社会福祉運営管理法）

社会福祉施設や団体，社会福祉行政の円滑な運営を図るための技術である．

⑥　ソーシャルアクション（社会活動法）

クライエントの権利を代弁（アドボカシー）することを目的に，制度や政策，行政や施設，団体の運営などを改善したり，社会資源の改善・開発などのための世論喚起や直接交渉などの技術である．

⑦　ソーシャルプランニング（社会福祉計画法）

社会福祉施策やサービスを計画的に実施するために，各種の計画技法を活用する技術である．

⑧　ケア（ケース）マネジメント

複雑な生活ニーズをもつクライエントに対して多種多様な社会資源を活用しながら，一貫した責任体制のもとで継続的な援助を提供するための技術である．

⑨　ソーシャルサポートネットワーキング

クライエントの日常生活を支援するために，関係機関や近隣などフォーマルおよびインフォーマルの多種多様な人びとや組織を結びつけ，網の目のような支援体制を整備するための技術である．

⑩　スーパービジョン

指導監督の立場にあるスーパーバイザーが，ソーシャルワーカーに対して支持的，教育的，管理的な援助を行うための技術である．

⑪　コンサルテーション

専門職同士で専門的な助言や情報提供を行うための技術である．

⑫　カウンセリング

人を理解したり心理面への援助を行うための技術である．ケースワークのように人と環境との関係を調整したり，社会資源を活用して援助を行うものでは

ない．

⑬　ケアワーク

　心身の障害や傷病をもつ人に対する介護，養護，療護，保護や，乳幼児に対する保育，養育，療育など，日常生活に不可欠な食事，排泄，入浴，移動，レクリエーションなどに対する心身面への援助や，掃除，洗濯，買い物など環境整備を援助するための技術である．

　以上のようなソーシャルワークの専門技術のうち，①②は直接援助技術，③〜⑦は間接援助技術，⑧〜⑫は関連援助技術と呼ばれる．⑬はソーシャルワークに含める見解と別体系とみなす見解がある．

(2)　ソーシャルワークの統合化とケアワークにおけるソーシャルワークの活用

　クライエントの生活全体を理解しながら，多様で複雑な生活問題やニーズに対応するためには，ジェネリック（包括的）アプローチのようにソーシャルワークのそれぞれの技術を統合的に活用することが求められる．こうしたソーシャルワークの統合化の考え方は，介護や保育に携わるケアワーカーにとっても重要である．

　クライエントの日常生活を援助する介護福祉士やホームヘルパー，保育士などのケアワーカーは，ソーシャルワーカーと連携しつつ，日常業務のなかではケアワークを主としながら，ケアワークの場面に応じてソーシャルワークの技術を適宜適切に活用することが大切である．

参考文献
- 相澤譲治『障害者ケアと福祉実践』相川書房，1998年
- 相澤譲治編『保育士をめざす人のソーシャルワーク』みらい，2000年
- 白澤政和ほか編『社会福祉援助方法』有斐閣，1999年

5 ケースワークの原則と過程

§1 ケースワークの原則

　ケースワークはソーシャルワークの援助方法のなかで最初に確立し，もっとも基本的な援助技術として位置づけられている．ケースワークの目的は，個人（その家族を含む）を対象とし，社会福祉諸サービスの提供および社会資源の活用により，個人の福祉ニーズの充足と社会的生活の回復・実現に目標を置くものである．

　そして，ケースワークは利用者の問題解決と緩和に向けて，援助者と利用者との間に結ばれた専門的対人関係（ワーカー＝クライエント関係）を基盤に援助が展開される．したがって，まず援助者はクライエント（利用者）を理解することから始めなければならない．利用者を理解するにあたって，援助者には基本的態度が要求される．これは「バイステックの7原則」といわれるものであり，ケースワークに限らず対人援助技術の共通基盤でもある．その根底には「人間の尊重」「人間としての尊厳」があることはいうまでもない．以下，この原則を紹介する．

(1) クライエントを個人としてとらえる（個別化）

　人はたとえ，姿格好や育った環境，考え方，行動，嗜好など多少の類似性があったとしても，誰一人として同じ人間は存在しない．換言すれば，人間は誰でも他の人とは異なる独自の存在であることを意味する．この視点は，対人援助において必要不可欠な要素であり，援助者は常に利用者を個別化してとらえ，問題解決過程においても利用者一人ひとりに適応した個別的な援助方法を用いなければならない．

(2) クライエントの感情表現を大切にする（意図的な感情の表出）

利用者の率直な感情表現を大切にするとともに，とくに抑圧された否定的感情（敵意，怒り，悲しみなど）を表現できるよう援助者が意図的に働きかけることを意味する．つまり，心の中にうっ積しているものを浄化すること（カタルシス）により，利用者が日頃のストレスから少しでも解放されるよう援助することが肝要である．

(3) 援助者は自分の感情を自覚して吟味する（統制された情緒的関与）

援助者は利用者の感情を敏感に受け止め，理解，共感を示す意味でその反応を適切に利用者に返さなければならない．またその時，利用者の言動に惑わされることなく，その感情の裏にあるものをすばやくキャッチする能力が要求される．そのためには援助者は自己の感情を覚知し，かつコントロールできる態度を身につけなければならない．

(4) 受け止める（受容）

援助者は利用者の倫理的価値観を認め，利用者をあるがままに受け容れなければならない．あるがままとは，利用者の長所と短所，好感のもてる態度ともてない態度，肯定的感情と否定的感情など利用者のあるがままの姿を認め受け容れることである[1]．利用者はあるがままの自分が受容されていると感じることによって，情緒的に安定し自己の感情表出が可能となる．

(5) クライエントを一方的に非難しない（非審判的態度）

援助者は自己の倫理・価値観の範疇で利用者を裁いてはならない．つまり，利用者の行動や態度については客観的な評価や判断をするが，利用者そのものについてはけっして審判してはならないのである．援助者は法や道徳の審判者ではなく，利用者の理解者である[2]という安心感を与えることが，対人援助にはきわめて重要となる．

(6) クライエントの自己決定を促して尊重する（自己決定）

最終的に問題解決の方法や方向性を選択，決定するのは利用者本人であり援助者ではない．援助者は，利用者が自らの意思で選択，決定し行動できるよう必要な情報を提供するなど，側面的に援助しなければならない．

(7) 秘密を保持して信頼感を醸成する（秘密保持）

援助者は職務上，利用者について知り得た情報や秘密を第三者に漏らしてはならない．また，秘密保持は援助者の倫理的義務であると同時に，援助者と利用者のラポール（信頼関係）を築くうえで前提条件となる．

§2　ケースワークの過程

ケースワークは，体系化された一連の手順と方法に従い，利用者の問題解決に向けて援助者と利用者の信頼関係と協働作業のもと，その過程が展開される．ケースワークの展開過程は，その理論的立場で具体的手順は異なるが，ここでは，① インテーク，② アセスメント，③ プランニング，④ インターベンション，⑤ エバリュエーション，⑥ 終結，の流れに沿って説明をする．また，すべてのケースがこの過程通りとは限らず図5-1で示すように，フィー

図5-1　ケースワークの展開過程

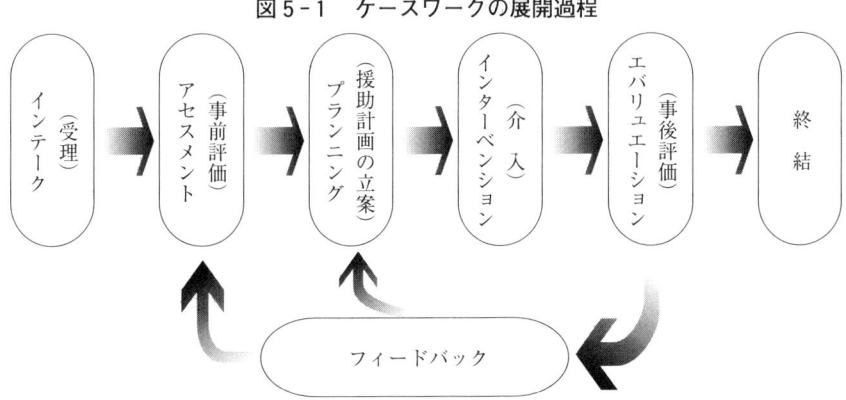

出所）一番ヶ瀬康子監修『ケースワークと介護』一橋出版，1998年を基に加筆修正

ドバックしながら展開される．

(1) インテーク (intake)

ケースワークの展開過程における最初の段階をインテーク（受理）という．インテークは面接によって行われ（受理面接），おおむね，① 利用者の主訴とニーズの明確化，② 問題解決に対する援助者の役割と所属する機関・施設の機能の説明（どのようなサービスが提供可能かなど），③ 利用者の意思の確認（サービスを受ける意思があるかどうか）の3点を中心に進められる．また援助者側が行う受理会議で，利用者のニーズと機関・施設のコンセプトが合致しない場合，利用者への十分な説明のもとに，他機関・施設への送致・紹介を行う．

(2) アセスメント (assessment)

インテークの段階で利用者のニーズと提供できるサービスが合致したら，意思の確認を行い援助契約が結ばれ担当者が決定する．

アセスメント（事前評価）は，利用者本人や関係者（家族，近隣，友人，医師，教師など）との面接により，生活歴，家族状況，問題状況，心理・身体的状況など利用者に関するさまざまな情報が収集される．そしてそれを基に，利用者の置かれている状況を分析し問題の抽出と確認を行う．また利用者の抱えている問題はひとつとは限らず，緊急性の度合いによって問題を序列化する作業も重要である．さらに利用者のワーカビリティ（利用者自身の問題解決に向かう動機づけや能力）の把握は，援助の方向性を決定するうえで重要なポイントとなる．

(3) プランニング (planning)

プランニング（援助計画の立案）は，アセスメントに基づき，問題解決に向けての目標を設定し，また目標達成のための計画が立案される．目標設定は利

用者の解決能力に応じた実現可能なもので，当面の目標からゴールとする長期目標を設定することが望ましい．そして問題解決のための具体的方法を選択し（社会資源の活用など），援助実施の手順や期間，またそれぞれの役割などについて話し合い，詳細な計画を立案していく．

さらにこの段階で，具体的な援助内容とその意味について，利用者に分かりやすいことばで十分に説明し合意（インフォームド・コンセント）を得て契約を行う．これは利用者の権利擁護と援助効果を高めるうえで重要視されている．

(4) インターベンション（intervention）

インターベンション（介入）は，利用者の最終的な自己決定に基づき，具体的な援助計画が実施される段階である．目標達成に向けて援助者と利用者が協働作業をしていくわけであるが，この段階での援助者の主な役割は，利用者への心理的な支援（直接的支援）と利用者を取り巻く環境への働きかけ（間接的支援）がある．具体的な介入としては，面接時の傾聴，共感，受容，カタルシスなどによる利用者への直接的介入と，利用者を取り巻く社会環境の調整・改善（人間関係の調整など）やそのために必要な社会資源の活用や開発（ケアマネジメント，ネットワーキングなど）による間接的介入がある．

(5) エバリュエーション（evaluation）

エバリュエーション（事後評価）とは，援助活動全体の有効性・効率性について評価をすることである．具体的には，① 計画通り進行したか，② 目標や課題はどこまで達成されたか，について援助者と利用者の話し合いやケース記録の分析を通して評価が行われる．目標や課題が達成されていない場合，プランニングやアセスメントに戻り計画の立て直しが行われる．

また近年では，評価尺度として「課題達成尺度」や「目標達成尺度」が欧米から紹介されている．

(6) 終　結（termination）

　終結は，事後評価と重複する部分もあるが，利用者の目標が達成され，問題が解決されたことに対し，援助者と利用者との判断が一致し，今後，問題解決を自力で実行していけることが確認された場合，援助の終結を迎える．

　終結にあたっては，援助者と利用者が，① 具体的な問題解決過程を確認すること，② 利用者が活用した資源の種類と活用方法を確認すること[3]が必要である．また，終結における利用者の複雑な感情への専門的援助や，終結後にいつでも再利用が可能であることの説明を加え援助を終結する．

　以上，ケースワークは対人援助サービスのひとつの方法であり，援助者と利用者との信頼関係を基盤に援助が展開される．すなわち援助者には，人間の尊重と平等を基本的姿勢とする価値・倫理観および対人援助を実践するための専門知識と技術が必要不可欠とされるのである．

注
1) F.P. バイステック著，尾崎新ほか訳『ケースワークの原則』誠信書房，1996年，p. 114
2) 福祉士養成講座編集委員会編『社会福祉援助技術論Ⅱ（各論Ⅰ）』中央法規出版，1999年，p. 24
3) 前掲書，p. 100

参考文献
- F.P. バイステック著，尾崎新ほか訳『ケースワークの原則』誠信書房，1996年
- 小田兼三編『社会福祉援助技術』メヂカルフレンド社，1997年
- 久保紘章ほか編『ケースワーク』川島書店，1998年
- 仲村優一『ケースワーク』誠信書房，1964年
- 西尾祐吾ほか編『ソーシャルワーク』八千代出版，1997年
- 平岡蕃ほか『対人援助』ミネルヴァ書房，1988年
- 福祉士養成講座編集委員会編『社会福祉援助技術論Ⅱ（各論Ⅰ）』中央法規出版，1999年

6　グループワークの原則と過程

§1　グループワークの原則

　グループワークはケースワークと同様，直接援助技術である．ケースワークが「個人」を対象としているのに対し，グループワークは「個人」（以下，メンバー）と「小集団」（以下，グループ）の2つを対象としている．グループワークの目的は，グループへの参加による共通体験を通して，個人の成長・発達並びに社会的適応力を高めることである．

　グループワークは，ワーカーとメンバーとのソーシャルワーク関係を基盤とし，目標達成に向けて，仲間関係やプログラム活動および社会資源をワーカーが活用するところにその特色がある．つまり，ワーカーはそれらの諸手段を援助媒体としながら，適切な援助を側面的に実施していくのである．そのために必要とされるものが原則であり，ワーカーが備えるべき基本的態度でもある．以下，G.コノプカによるグループワークの原則を中心に紹介する．

(1) 個別化

　グループワークの場合の個別化とは，① グループを形成するメンバー個々人の個別化，② グループ自体の個別化，といった2つの側面から成る．メンバー個々人の個別化とは，メンバー一人ひとりを他のメンバーとは異なる独自な存在としてとらえることであり，生活歴，家族関係，性格，心身の状況，ニーズなどさまざまな視点からの理解が必要となる．次に，グループ自体の個別化とは，たとえば生活施設で暮らしている100人を10個のグループに分けたとしても，メンバーの個性やニーズ，またメンバー同士の結び付きによってグループもそれぞれの特色をもつ．つまり，グループも他のグループとは異なる独自な存在としてとらえなければならない．

(2) 受容

メンバーは，これまでの生活体験やそれにともなう感情や考え方，また自分のペースといったそれぞれの経験を抱えてグループへ参加してくる．したがって，援助を展開するさい，ワーカーは先入観や固定観念をもつことなく，メンバーの複雑な感情，またその背景にあるものをあるがままに受け容れることが必要とされる．その場合，ワーカーには適切な援助を行うための自己覚知が不可欠となる．さらに，ワーカーはメンバー同士が受容し合い，仲間関係が築けるよう側面的に援助していかなければならない．

(3) 参加

グループワークはメンバーの主体的な参加があって初めて活動が展開される．しかし，メンバーにはそれぞれ個人差があり，参加能力が異なっていることも事実である．つまり，ワーカーはメンバーの発達段階に適した援助を常に留意する必要がある．また，メンバーの参加意欲を高めるために，① メンバーの興味，ニーズ，能力の把握，② プログラム内容の工夫，③ グループ内での役割の提供，などを考慮しながら参加を促していく．

(4) 体験

体験とは，知識を得て理屈で物事を判断するのではなく，体感によって体得していく過程そのものである，と述べられているようにグループワークではメンバーの主体的参加によって，そこで経験するさまざまな状況やそれにともなう感情を他のメンバーとともに体験することにこそ意味がある．つまり，たんに活動に参加しているだけでなく，グループでの活動やメンバー同士のかかわりを通して，達成感や成就感，そして自信をメンバーに与えることが重要となる．

(5) 葛藤解決

グループの発達過程のなかで,時にはメンバー同士の相互作用がマイナスに働き,メンバーに葛藤を引き起こしたり,またグループ全体が身動きの取れない状態に陥ったりもする.葛藤解決は,メンバー自らが解決方法を考え,そこから抜け出したとき,その経験がメンバーとグループの成長・発達を促すことにつながる.つまり,ワーカーはメンバーが現状から逃避することのないよう側面的に援助していくのである.

(6) 制 限

グループワークでいう制限とは,集団活動を進めていくうえでの最小限のルール,基本的な態度であり,物理的・時間的な制約である[2].たとえば,メンバーが他のメンバーに身体的・心理的ダメージを与えるような場合やメンバー自身が自分の能力以上のことをやろうとしている時など,ワーカーは意図的な制限を加え,他の安全な行動が取れるよう工夫する.また,メンバーが決められた制限という枠を克服し,それぞれがそのなかで積極的に価値ある体験ができるよう援助していくことをも意味している.

(7) 継続評価

グループは活動していくなかで絶えず変化している.したがって,段階ごとの定期的な評価は,現段階での目標達成度,また今後の活動に軌道修正が必要かどうかを確認するうえで,非常に重要といえる.

§2 グループワークの過程

グループワークの過程は,① 準備期,② 開始期,③ 作業期,④ 終結期,の4段階に分けられる.各段階におけるワーカーの役割は,メンバーやグループの発達過程によって異なるが,おおむね以下のように整理できる.

(1) 準備期

準備期とは,実際にグループワークを開始する前の準備の段階であり,ワーカーがメンバー個々人との予備的接触を行う.

この段階で重要なことは,メンバーの参加を促すことであり,ワーカーはメンバーとの波長合わせを行うことによって一人ひとりの感情やニーズを読み取る.また,メンバーの問題や課題を明確化し,メンバーとグループの目標を設定するとともに,施設・機関とのコンセンサスを得る.さらに,具体的な計画としては,メンバーの構成と選定方法,活動の回数,期間,場所などを検討する.プログラム作成に関しては,メンバーの興味,ニーズ,能力を十分に考慮し,適切な対応ができるよう準備を進めていく.

(2) 開始期

開始期とは,最初の集まりから集団として動き始めるまでを指し,ワーカーの援助を受けながらグループづくりを始めていく初期の段階である.

開始期では,まだグループのまとまりはみられずメンバー同士が互いに探索し合っている.たとえば,グループの構成が人為的なものであれば,メンバーの不安・緊張感は高まっており,これらの感情をメンバーがそれぞれ緩和・除去できるよう,ワーカーは雰囲気づくりに工夫を凝らしたり,メンバー同士が受容し合い信頼関係が築けるよう援助する.

また,援助内容についての契約の確認やメンバーとともにプログラムを検討,立案していくことも必要である.そして第1回目の集まりを評価・記録し,今後の方向性について検討する.いずれにしても,この段階でのワーカーの姿勢は,グループの方向性を決定づけるという意味できわめて重要といえる.

(3) 作業期

作業期とは,メンバーとグループが課題に取り組み目標達成に向かって展開

していく段階である．

この段階に入ると，開始期にみられた不安・緊張感がなくなり，たんなる個人の集まりからグループとしてのまとまり（集団凝集性）がみられるようになる．さらに地位と役割の分化が現われ，「我々意識（we-feeling）」が強くなり，グループ内での集団基準ができあがる．その一方で，サブグループ同士の対立や孤立者が現われたりもする．

作業期では，メンバー同士が援助し合い，自らの力で目標に向かって進んでいけるよう，メンバーの自発性を尊重しながら援助することが肝要である．また，メンバーの能力はそれぞれに異なっているので，必要に応じて個別援助を行いながらメンバーとグループの成長と発達を見守っていく．

(4) 終結期

終結期とは，グループ活動を終了するにあたって，終結のための準備から援助の終了までをいう．

終結とは換言すれば，グループでのメンバー個々人の経験が次の経験へと移行するためのステップととらえることができる．メンバーは終結において，グループが解散してしまうことへの戸惑い，悲しみ，不安，怒りなどさまざまな感情を抱く．したがって，ワーカーは準備期と同様に波長合わせを行い，メンバーの複雑な感情を受容し分かち合う．また，メンバー同士も終結にともなうそれぞれの感情を分かち合えるよう援助する．

さらに，ワーカーは援助活動の開始期から全過程をメンバーとともに振り返り，メンバー個々人並びにグループの目標がどのくらい達成されたかを評価する．またワーカーは，今後のよりよい援助のために自己評価を行うことを忘れてはならない．そして，これまでの援助過程をメンバーとグループそれぞれの記録としてまとめる．

以上は，一般的なグループの発達を段階的にとらえたものであるが，必ずしもこの段階通りに通過するとは限らない．グループによってはその段階が長か

ったり短かったり，あるいは突然解散を迎えたりもする．グループはワーカーの援助の仕方いかんで変化する．つまり，ワーカー自身がひとつの資源であり，自分自身を意識的・専門的に活用できる能力と技術がワーカーには求められるのである．

注
1) 福田垂穂ほか編『グループワーク教室』有斐閣，1979年，p.144
2) 同上，p.148

参考文献
- 浅野仁編著『老人のためのグループワーク』全国社会福祉協議会，1981年
- 小田兼三編『社会福祉援助技術』メヂカルフレンド社，1997年
- G. コノプカ著，前田ケイ訳『ソーシャル・グループ・ワーク』全国社会福祉協議会，1967年
- 高橋重宏ほか編『ソーシャル・ワークを考える』川島書店，1981年
- 中島紀恵子ほか監修『介護福祉の基礎知識〈下〉』中央法規出版，1996年
- 野村武夫『はじめて学ぶグループワーク』ミネルヴァ書房，1999年
- 福祉士養成講座編集委員会編『社会福祉援助技術』中央法規出版，1997年
- 福祉士養成講座編集委員会編『社会福祉援助技術論Ⅱ（各論Ⅰ）』中央法規出版，1999年
- 福田垂穂ほか編『グループワーク教室』有斐閣，1979年

7 コミュニティワークの原則と過程

§1 コミュニティワークの原則

　コミュニティワーク（地域援助技術）とは，直接援助技術としてのケースワークやグループワークに対して，地域社会に発生したさまざまな生活問題を住民が主体的に活動に参加し，組織的に問題に取り組んでいけるようコミュニティワーカーが関係機関や団体等と調整を図りながら，社会資源の活用や開発を行い計画立案し，援助する方法であり，間接援助技術の範疇に位置づけられる．

　コミュニティワークは，イギリスで1869年に創設された慈善組織協会（COS）活動やセツルメント運動を源流として，アメリカで早くから発展したコミュニティオーガニゼーション（地域組織化）の理論と実践を継承する方法として発展してきた．そして，1960年代から伝統的な障害者福祉や高齢者福祉のあり方の反省から，イギリスにおけるコミュニティケア政策の推進とともに発展している．

　わが国では，戦前の民生委員活動や戦後の共同募金活動，社会福祉協議会活動から生み出されたもので，相互扶助的な活動も住民運動も含んでおりコミュニティオーガニゼーションとコミュニティワークの2つの理論的な流れが混在しており，その理論の違いを指摘するのは困難である．

　また，最近ではケアマネジメントによって具体的なサービスを提供し，その人に必要なサポートネットワークとしての地域福祉活動が展開されるようになっている．そこでは，コミュニティワークの考え方を包含したコミュニティソーシャルワーク[1]という新たな考え方が，今後発展していくものといえよう．

§2 コミュニティワークの過程

　コミュニティワークは，地域住民の生活問題に住民自らが主体的に参加し，

共有の生活課題として問題解決に向けた住民の協働活動に対して、コミュニティワーカーが側面から援助支援することである．つまり，問題解決に向けてコミュニティワーカーが働きかけることによって，住民の連帯意識が生まれ，地域社会の意識変革や環境改善につながっていくのである．

コミュニティワークの援助過程は，① 地域アセスメント[2]，② 地域ニーズの把握，③ 活動計画，④ 活動の実施，⑤ 活動の評価の5つの段階がある．そしてこの援助過程は，フィードバックの機能が含まれ，それぞれの段階を何度か繰り返すだけでなく，順序の入れ替えや，場合によっては途中の段階から入ることもある．

(1) 地域アセスメント

コミュニティワークを展開するさいには，地域の問題を把握し，的確に対応していくためには，援助の対象である地域の特性を知ることが重要である．地域住民が自分の地域問題や状況について，どのように認識しているのか，またその問題解決に向けて住民の意識がどれだけあるのか，社会資源や情報がどれだけあるのか等，把握しておくことが必要である．

そのためには，その地域の特性（気候条件，地理的条件，人口動態，産業構造，住民性，住民意識構造）を把握し，福祉問題の予測，問題の背景，住民の考え方，態度の特徴等を明らかにしておくことが前提となってくる．

地域アセスメントによって，活動目標や計画がよりスムーズに策定できるだけでなく，地域社会をトータルに把握することによって，その地域にとってもっとも有効な援助が展開できる．

(2) 地域ニーズの把握

コミュニティワークの対象となっている地域社会では，どのような福祉問題や生活ニーズがどれだけ発生しているのか，また福祉問題がどれだけ未充足のまま放置されているのか，問題発生の地域社会の政治的，経済的，組織的構造

がどうなっているのか，住民や行政がこれらの問題にどう対処し，どのように対処していこうとしているのか，コミュニティワーカーの協力を得ながら住民自身の手で把握していくことが必要である．

そのためには，既存資料の分析やアンケート調査，住民座談会あるいは社会福祉大会などによって地域ニーズや住民の意識を把握しなければならない．そのさい，表面に出ている問題だけでなく，将来予測し得る潜在的なニーズも含めて，多面的に明らかにすることが重要である．

調査の結果，把握されたニーズは，機関紙やビデオ，パンフレット，ポスター，マスコミ，あるいは住民集会などを活用して問題を提起し公表することによって，問題解決の動機づけにつながるといえる．

(3) 活動計画

問題を解決するための対策や行動のための計画策定である．前段階で提起されたさまざまな問題のうち，緊急度，深刻度によって急いで解決しなければならない問題は何か，また，問題の広がりや住民の関心はどうかなど，問題解決の優先順位によって問題を絞り込んでいく作業が必要である．

優先順位が決まれば，その問題をどの水準にまで，いつまでに解決するのか，目標を設定する．目標設定も短期・長期の具体的達成目標として設定する．

これらの活動計画を立案していくためには，立案過程に住民が参加しているか，住民が主体となって計画を策定していこうとしているのか，住民と福祉ニーズの担い手である当事者と専門家を加えた計画策定が重要なポイントである．

(4) 活動の実施

策定された計画を実施する段階である．活動計画を実施するさいには，計画が円滑に実施できるよう側面から支援する活動が必要である．

まず，活動計画に関する理解や認識を広げていくものとして広報活動や福祉教育の推進等によって，活動への動機づけや活動意欲が高まり，住民参加・対象者参加を促進することにつながる．なお，広報活動を実施するさいに留意する点は，情報はできる限り住民に広く均等に提供することである．

コミュニティワークの援助過程では，どの段階でも住民の参加は大変重要である．とくに住民自身の参加を広げていくためには，地域内の住民組織・団体や他の組織・団体・機関あるいは各専門職との連携が不可欠である．

また，地域内の問題を解決するには，地域内の組織や集団，住民の活動を通して地域ぐるみに進めていくことが効果的である．そのためには，公私関係機関・団体・住民の連絡調整を行い，活動実施のための協力体制を強化することが重要である．

さらに，問題解決に必要な社会資源の積極的な活用・連携を図っていくことも大切な点である．コミュニティワークでは，これら住民組織・団体を育成強化していくことがコミュニティワーカーの課題である．

(5) 活動の評価

コミュニティワークの最終段階は，計画目標がどの程度まで達成されたか，活動の点検・成果および効果を測定することである．そのためには，活動の進め方，住民の参加，機関・団体の協力や目標・計画そのものの評価を行うだけでなく，達成していなければどこに問題があったのか全過程を総括し，今後の課題に向けた新しい方針を立てることが求められる．

注
1) 大橋謙策「社会福祉基礎構造改革とコミュニティソーシャルワーク」『月刊福祉』2000年5月号，全国社会福祉協議会，p. 32
2) 孫 良「コミュニティワークの援助過程」杉本敏夫ほか編著『コミュニティワーク入門』中央法規出版，2000年，p. 46

8　ケアマネジメントの意味と過程

§1　ケアマネジメントの意味

(1) ケアマネジメントの内容

　2000年4月，介護保険制度がスタートした．この介護保険制度のなかで注目されるようになったことばにケアマネジメントがある．このため，現在わが国でケアマネジメントは，介護保険における介護給付を受けるための手続きとしてケアマネジャー（介護支援専門員）が行う実践をさして使われる場合が多い．

　しかしそもそもケアマネジメントは，1970年代にアメリカで精神障害者の地域生活を支えるために，それまで分断されていた医療や福祉のサービスを総合的に提供していくための援助方法として取り入れられたケースマネジメントを起源にもち，それが1990年イギリスのコミュニティケア改革法のなかで，個人のニーズに諸サービスを効果的に結びつけていく公的なサービス提供の仕組みとして，ケアマネジメントと名前を変え採用されたものである．わが国においても，すでに1980年代にサービスをコーディネートする方法としてケースマネジメントが紹介されていたが，1994年に現在の介護保険制度の基礎となる「新たな高齢者介護システム」を構築することが提起されたさいに，イギリスでのコミュニティケア改革におけるケアマネジメントの経験を導入することになった．その後，高齢者だけではなく障害者の自立生活を地域において支えていくにあたっても有効なシステムとして注目されている．

　ここではケアマネジメントを，「地域において障害者や高齢者の自立生活を継続して支えていくために個々の利用者のニーズに合わせてさまざまなサービスを効果的・効率的に提供していくシステムであり，また同時に援助者がその時に用いる方法」として広義に理解することにしたい．

(2) ソーシャルワークとケアマネジメント

　ケアマネジメントは，まだケースマネジメントとして紹介されていた時から，社会福祉援助技術（ソーシャルワーク）の体系のなかではカウンセリングやコンサルテーション等とともに「その他の関連専門援助技術」として位置づけられてきた．たしかにケアマネジメントは，ソーシャルワーク固有の価値観・知識に裏づけられた専門的援助技術というより，それ自体は価値中立的な「仕組み」「手続き」といった性格をもつ．またわが国のみならずアメリカやイギリスでもケアマネジャーは，ソーシャルワーカーに限らず看護婦や保健婦などの医療職も担っていることもありケアマネジメントは，ソーシャルワークに所属する技法として限定されてはいない．しかしながらケアマネジメントは，ニーズとサービスを結びつけていくという，本来ケースワークが果たしてきた機能を強化したものということもできるし，また地域において障害者や高齢者の自立生活支援のネットワークづくりを行うコミュニティワークのなかでも中核となる手法といえる．とくにわが国において今後，利用者主体の社会福祉サービス提供のシステムが構築されようとしているなかにあって，ソーシャルワーカーはケアマネジメントの過程において中心的役割を担っていくことが期待される．

§2　ケアマネジメントの過程

　ケアマネジメントは，個々の障害者や高齢者のニーズに諸サービスを結びつけていくにあたって，一連の援助を決められた手順に沿って段階的に展開していくところに特徴がある．

　ここではイギリス保健省のガイドブックのプロセスに沿って，① 情報公開，② アセスメント水準の決定，③ ニーズアセスメント，④ ケアプランの作成，⑤ ケアプランの実行，⑥ モニタリング，⑦ 再検討の7段階に分けて説明する．

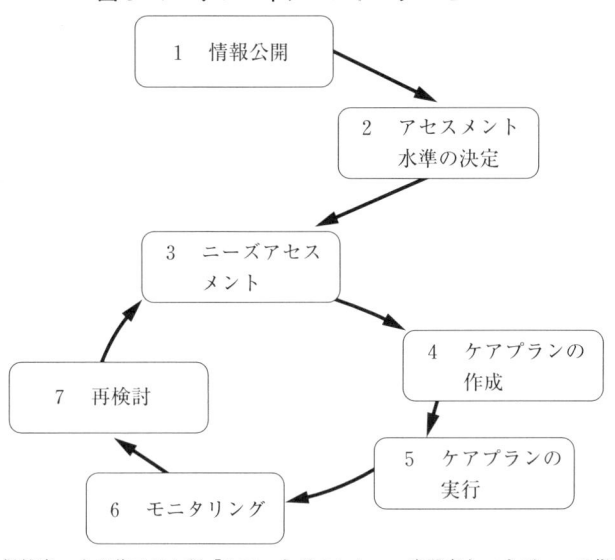

図8-1　ケアマネジメントのプロセス

```
1 情報公開
  ↓
2 アセスメント
  水準の決定
  ↓
3 ニーズアセス
  メント
  ↓
4 ケアプランの
  作成
  ↓
5 ケアプランの
  実行
  ↓
6 モニタリング
  ↓
7 再検討
  ↓
(→3へ戻る)
```

出所）イギリス保健省，小田兼三ほか訳『ケアマネジメント――実践者とマネジャーの指針――』学苑社，1996年

① 情報公開

この段階は，サービス提供機関がどのようなニーズに対してサービスを提供する責任を負うのか，さらには現時点ではどのようなサービスが利用可能であるかの情報を，広く利用者・介護者に公開する段階である．ここでは，提供されるサービスの情報のみならず，提供されたサービスに不服がある場合の解決のための手続きの情報も公開することが必要とされる．

② アセスメント水準の決定

この段階はいわゆるインテーク（受理）の段階であり，まず利用者の初回の相談内容や関係機関から送られてきた情報からニーズの概要を把握した後，チームのなかで誰がケアマネジャーとしてニーズアセスメントを担当するかを決定する．この決定をしないと，医療職などの専門職がアセスメントを担当するケースや複数のサービス提供が予想されるような複雑なケースも，また，受付係の段階で対応できるような単純なケースも一律のアセスメントのプロセスを

たどることとなる．このことはケアマネジメントのプロセスとして非効率的というだけでなく，利用者にも負担をかけることになる．

③　ニーズアセスメント

ニーズアセスメントは，利用者が自立生活を継続していくにあたってニーズ（何に困っているのか）を総合的に判断する段階である．このニーズアセスメントが的確になされているかどうかがその後のケアマネジメントの過程を決定するといってもいい過ぎではない．ニーズアセスメントにさいしては，利用者のADL等の身体的側面，精神状態等の心理的側面，家族関係や経済的状態等の社会的側面等について全体的に把握することが必要になる．このニーズアセスメントのさいには，アセスメントシート（質問票）を用意し使用することが多いが，この場合もたんにシートの空欄を埋めるような機械的な情報収集に陥らないよう注意が必要である．ケアマネジャーは，さまざまな情報を寄せ集めて終わるのではなく，利用者が自立生活を継続するにあたってのニーズは何か（何に困っているのか）を，さまざまな情報から分析しそれをもう一度総合して判断することが求められている．

④　ケアプランの作成

この段階は，ニーズアセスメントにおいて把握した利用者のニーズに対応するサービスは何かを決める段階である．ケアマネジメントはそもそも各サービス提供機関によってバラバラに行われてきたサービスを，まとまりのあるパッケージとして提供するところに意義がある．ケアプラン作成の段階においては保健，福祉の公的なサービスのみならず，家族や地域のボランティアなどのインフォーマルなサービスも組み入れたケアパッケージを作成することが必要である．またケアプラン作成の過程に利用者が参加できるような配慮も重要である．

⑤　ケアプランの実行

この段階は，ケアマネジャーの側からみると作成されたケアプランに基づき，サービス提供機関と協議して具体的なサービスをアレンジする段階であり，サービス提供機関側からみると，ケアプランに基づき，実際のサービス提

供を行う段階である．複数のサービス提供機関が利用者にかかわる場合，ケアマネジャーはサービス全体を見渡しながら統一性のある援助をコーディネートしていくことが求められる．

⑥　モニタリング

サービスの提供をうけている利用者に，サービスが適切に提供されているかどうかを確認するのがモニタリングの段階である．ケアマネジメントでは，原則的にはニーズアセスメントとケアプラン作成を行うケアマネジャーは，直接のサービス提供にはかかわらない．ケアマネジャーは，モニタリングにおいてもサービス提供者から独立した立場で，利用者のニーズにサービスが適合しているかどうかを継続して見守っていく役割を負っている．

⑦　再検討

利用者のニーズは，一度のニーズアセスメントで把握されてそれで終わるものではない．サービスの成果とニーズの変化を定期的に確認するのが再検討の段階である．この再検討においてニーズの変化やサービスがニーズにマッチしていない状況がみられれば，再アセスメントを行いケアプランを再作成する．このようにしてケアマネジメントの過程は，直線的に進行して終結するのではなく，ニーズアセスメントから再検討までのサイクルが循環しながら展開していく過程なのである．

参考文献
- イギリス保健省，小田兼三ほか訳『ケアマネジメント―実践者とマネジャーの指針―』学苑社，1996年
- 岡田藤太郎ほか編『ケアマネジメント入門』中央法規出版，1996年
- 厚生省高齢者介護対策本部事務局『新たな高齢者介護システムの構築を目指して』ぎょうせい，1995年
- 白澤政和『ケースマネジメントの理論と実際』中央法規出版，1992年
- 副田あけみ『在宅介護支援センターのケアマネジメント』中央法規出版，1997年

9 記録の意義と方法

§1 記録の意義と役割

(1) 記録する意義

 社会福祉の分野では，記録を書くことは日常的になされてきたわりには記録に関する研究が遅れている．

 また，社会福祉の現場では，記録は時間が余ったり書くことが得意な人がすればいいと思われていることも多い．たとえば，「書く時間があるくらいなら，もっとサービス利用者の援助をすべきだ」「面倒だ，文章を書くのが苦手だ」といった理由から記録を書く必然性や意味が見いだせていないことがあまりにも多い．だが，そのような意識に基づく実践は一貫性に欠け偶発的行為に終わることが多く，評価されるべき実践でも，後の人には何も伝わらないことが多いのである．

 しかし，生活のすべてが支援者側に左右されがちな現場で，そのようなことが許されていいのであろうか．専門職は援助過程でさまざまな情報を入手し誰かに伝えなければならないが，ことばは必ずしも客観的なものではない．そのため，情報を整理しそれを扱いやすいように記録として整理する必要がある．そこで，ソーシャルワークでは，記録するという専門的技術や能力が必要になってくる．記録は，専門的行為の客観性を示すうえで重要なものであると同時に，援助を受ける人にプラスになるものでなくてはならない．ソーシャルワークにおける記録は，日常の業務実践における義務であるが，その実践は記録なしにはみえてこないのである．

(2) ソーシャルワークにおける記録の役割

 記録（情報）は最終的にはサービス利用者のためにあるということを忘れてはならない．そのことを踏まえて記録の役割を整理すると次のようになろう．

① 個別理解とニーズの把握

サービスの利用者の具体的事実やニーズの把握（本人や周囲の要望，事実や行動等の観察，サービスの利用者の生育や生活背景，他機関や施設の資料，ニーズの明確化）等の資料．

② 援助計画決定と評価（効果的援助はアセスメントにかかっている）

初期評価としての心理社会的診断，プログラムの妥当性検証，援助計画（サービス内容）決定と実施（有効な援助），再評価・事後評価（問題の掘り起こし，援助者自身の実践の点検，援助内容の質の点検，費用の検討，記録時間・保管・利用等の検討）等の資料．

③ ワーカーの専門性の確保

自分自身の学習，自己点検と自己評価，スーパービジョン，研修等の資料．

④ 施設・機関の情報の共有

チームワーク，情報の共有化，コミュニケーション，ケース担当スタッフへの伝達，一貫性のある援助，引継ぎ等の資料．

⑤ 職務の運営管理と機能向上（報告，会議）

スーパーバイズ，コンサルテーション，職務管理上の報告，ケースカンファレンス，施設・機関の機能向上等の資料．

⑥ 公的責任と情報公開（専門的行為としての評価を受けることを前提）

処遇の適正さ・サービスの証拠事実（専門職としての社会的責任，説明責任），監査，法的な証拠等の資料．

⑦ 調査・研究（社会的貢献──社会の改良という最終目的）

調査や研究，統計や社会福祉全般の向上，教育，社会活動（ソーシャルアクション）等の資料．

§2 ソーシャルワークにおける記録の実践

(1) 記録内容

現在の施設や機関の「運営基準」等では，何をどのように書いて記録とする

かはほとんど述べられておらず，実際は現場任せといった状況である．そこで，ここではソーシャルワークで要求される「ケース記録」の内容を以下にまとめる．

① インテーク時における記録

主訴，面談記録，ケースヒストリー，人的・物的環境状況，他施設・機関からの情報，サービスに関する幅広い情報，サービス利用者自身による記録等．

② 評価や援助計画に必要な記録

初期評価（ニーズとその発生時期・経過・程度，性格特徴，家庭・学校・職場での適応状況，欲求不満耐性，生育歴を通してみた誘因や原因，心理・医学的診断）等．

③ 援助計画実施後の記録

過程記録（生活記録，行動観察記録，援助の要約記録，サービス利用者と援助者の行動の双方の記述），再評価，特記事項等．

④ 具体的な記録簿

受付票，フェイスシート，各種評価表，援助計画表，援助日誌，業務の記録，実践記録，健康管理記録，報告書，通信文（公的・私的），各種会議録等．

(2) 記録の様式

ソーシャルワークの記録は，小説や日記でいわれる起承転結や序破急，あるいは5W1Hという方法だけでは十分な役割を果たさない．つまり，誰が書く記録か，目的に合致したルールや様式に添って書いてあるか，活用しやすいか，といったことなどに従ってまとめる必要がある．

その記録を様式でまとめると，次のようになる．

① 事実そのものの記録：叙述体（narrative style：過程叙述体または圧縮叙述体がある．逐語録や日記等がある．）
② 事実のポイントをまとめた記録：要約体
　　（summary style：利用者個人の成長や行動の変化，テーマ・項目別などの

要約記録，援助計画表等がある．）
③ 事実を証明した記録：説明体（interpretation style：ケースの意味が理解しやすいが記録作成者の解釈・分析に偏る傾向がある．評価の一部や報告書等がある．）

(3) 記録の方法と技術

ティムズはケシュウスのことばを借りて「観察，認識，記録は互いに依存しあっておりワーカーの技能と技術の基本的な一部をなす」[1]と述べている．記録がうまくできていないというのは，判断力がない＝観察力がない＝認識してないといってもいい．たとえば，「みる」の機能を果たす漢字が「見る」だけでなく，「観る」「診る」「看る」「視る」といくつもあるし，沈黙には沈黙の意味があるだろう．具体的には，表情，態度，話し方，化粧，服装，座り方，しぐさ，周囲への関心の向け方，気配り，面接者への反応等へ関心を持って「みる」ことは，個別理解を深める．そして，それに裏付けられた記録こそがよりよい援助の必須条件といえる．

記録する手段についてみると，メモをとるだけでなく，テープレコーダー，ビデオ，写真（いずれも相手の了解が必要），また，図表や評価の道具としてのマッピング技法，さらには，サービス利用者の絵等の作品そのものやそれをカラーコピーやデジタルカメラで残すということは，客観的な資料として有効であるばかりか，さまざまな方法での活用を可能にする．

以上のことを踏まえ，記録の技術として重要な点を以下にまとめる．
① わかりやすい文字，読みやすい文章で書く．援助の対象者がどのような状況で，処遇上の問題点やポイントも把握しやすいように書く．
② 事実を正確に書く．そのためには誤字をなくし，独断と偏見を排することが重要である．しかし，事実の羅列にならないようにする．
③ 必要なことだけを書く．また，重要な内容が失われないかぎり簡潔に書く．

④　必要によって記録スタイルを工夫する．たとえば，見出し，箇条書き，段落など形式や文体に柔軟性をもたせ，要約だけでなく「生の声」も必要なことがある．

⑤　専門的役割や公的責任を果たせるように書く．

⑥　ファイル方法は仕事が合理的に進むようにしなければならないが，そのことを考慮してルールに従い書く．どこに保管するか，秘密保持は確保されるか，そして貴重な記録が活用されるかといったことは，記録の技術にとってとくに重要である．

(4)　ソーシャルワークにおける記録の課題

　記録の意義や役割についてはこれまで述べてきたとおりだが，いくつかの課題があることを認識しなければならない．まず，記録（情報）は扱われ方によっては大変危険なものになるという点である．それは，プライバシーに関する問題であり，そのため，記録されることにはもともと不快感が生じやすい．このことに援助者は十分に配慮しなければならないし，そのうえで，秘密保持に心がけ専門職としての公的責任や説明責任を果たさなくてはならない．

　次に，情報共有や時間短縮，効率的な援助と記録の活用という点では記録のメディア拡大やパソコン活用は欠かせないが，いまや多量の情報でさえも知識があれば容易に入手や配信が可能となったということである．つまり，秘密の保持という大原則からすると記録の管理をいかにシステムとして安全に実施できるかがますます問われているのである．

　最後に，もう一度専門家としての記録について考えてみたい．それは，記録を書く意義とその訓練がソーシャルワークを学ぶ学生の段階から，構造的になされなければならないという課題である．優れた記録をたくさん読み，書くスピードを学生の時から身につけるような体験を蓄積し，そして，適切なスーパービジョンを受けることが欠かせない．そうした日常の努力によって，サービス利用者に対する物質的援助とともに精神的な根本的課題にも応えられるすば

らしい援助者が育っていくであろう．

注
1) N.ティムズ著，久保紘章ほか訳『ソーシャル・ワークの記録』相川書房，1989年

参考文献
- 蛯江紀雄『老人ホーム―職員の手引き　処遇の記録』全国社会福祉協議会，1988年
- 白澤政和ほか編『社会福祉援助方法』有斐閣，1999年
- 福祉士養成講座編集委員会編『社会福祉援助技術論（総論）』中央法規出版，1999年
- 福祉士養成講座編集委員会編『社会福祉援助技術論（各論Ⅰ）』中央法規出版，1999年
- 古川孝順ほか編『介護福祉』有斐閣，1996年

10　ケア（ケース）カンファレンスの方法

§1　ケアカンファレンスの意義

(1)　ケアカンファレンスとケアマネジメント

　最近では自立生活が困難な個人や家族が抱える生活の問題は多様化し，かつ複雑になってきている．ひとつの機関や施設および単一のサービスだけで十分に対応できるという状況ではない．住み慣れた自宅や地域で，家族や友人と交流をしつつ，自立して生活するために必要な援助を求めてくる場合を考えると，その人がどのような生活環境，社会環境の下で生活していて，本人や家族の生活上の希望や生き方がどのようなものであるかによって，必要としているサービス内容も利用の度合いも異なる．そのうえ，サービスを必要とする一人ひとりは地域のなかに散在しているので，問題の事例ごとに必要なサービスの担い手がケアチームを組み，総合的に対応する必要に迫られる．そのサービスはバラバラに提供されるのではなく，本人や家族の必要性と求めに応じて，医療，保健，福祉の多様なサービスを有機的に活用して，過不足がないようにケアマネジメントしていくことが大切になる．このプロセスにおいて，ケアカンファレンスは重要な部分を占めている．

(2)　ケアカンファレンスの機能と意義

　ケアカンファレンスには，次のような機能がある．

　①　サービスを必要とする個人や家族が生活上抱える問題や困難，ニーズをアセスメントして，それをチーム全体で確認し合意する．

　②　適正な援助目標や計画を作成する．

　③　長期にわたる介助・介護等の援助を組織的，継続的に提供するために，その援助過程にかかわるさまざまな施設や機関，異なる職種が相互理解を促進し，役割分担と連携体制を確立する．

④ 援助活動をモニタリングして，その効果を測定する．
⑤ スーパービジョンの機能．

　すなわち，ケアカンファレンスは，サービスを必要としている個人や家族に関する「情報の共有化」と「問題の解決」にあたるはたらきがある．援助に関係する他職種や他機関（施設）が，自らの専門領域の特徴を生かして意見を出し合い，総合的な援助が展開される点にケアカンファレンスの意義がある．なお，ソーシャルワーク分野ではケースカンファレンスと表現するが，介護・看護領域ではケアカンファレンスと呼称されている．

§2　ケアカンファレンスの方法

(1) ケアカンファレンスの種類

　援助過程のなかでどの時期に，何を検討課題に設定するかによって，4種類のケアカンファレンスがある．

① 初期のケアカンファレンス

　サービスの目的や目標，サービス内容や展開過程，具体的な援助業務の役割分担やサービス提供の時期と期間を決定する．

② 臨機応変に，あるいは緊急に開催されるケアカンファレンス

　実際のサービス提供が行われていくなかで生じるサービス利用者の変化や，あるいはサービスが開始されて初めて明らかになった事実や突発的な変化に対応する．

③ 一定期間ごとに開催するフォローアップ目的のケアカンファレンス

　サービスの実施状況やその成果をモニタリングして，あらためてアセスメントを行い，そのときまでのサービス方針を継続するか，修正するか，終結するかなどを検討する．

④ 事例検討としてのケアカンファレンス

　すでに終結した事例であるが，メンバーの資質向上のために行われる．

　なお，開催される場によってみてみると，2種類のケアカンファレンスがあ

る．

⑤　同一組織の内部で行われるケアカンファレンス

構成メンバーは，その機関や施設の職員である．これにはさらに2種類の形態がある．

㋐　保育士同士やソーシャルワーカー同士で，あるいは介護福祉士やケアワーカーという同一専門職種を構成メンバーとして開催されるケアカンファレンスである．経験の乏しい職員に対するスーパービジョンの機能に重点をおいた事例検討などがその一例である．

㋑　複数の専門職種によって構成されるケアカンファレンスである．医療の領域で医師，看護婦（士），理学療法士，作業療法士，言語聴覚士，義肢装具士，栄養士，医療ソーシャルワーカー，必要に応じて参加する管理・事務部門が，担当する患者の治療方針や退院計画を検討するケアカンファレンスはその一例である．

⑥　複数の機関や施設，専門職が連携して行われるケアカンファレンス

ソーシャルワークは，従来ややもすると利用者——援助者の二者関係に焦点がおかれすぎた傾向がある．もっと対人関係を多面的にとらえて，友人や近隣関係をも視野に入れ，サービス利用者を"面"として支えることが求められる．複数の専門機関や専門職のみならず地域のインフォーマルシステムをも包括したケアカンファレンスが重要になる．

(2)　ケアカンファレンスの進め方

ケアカンファレンスは，次のように展開される．

①　進行係と記録係を選任する

進行係は予定されている総時間と大まかな時間配分を説明して，進行についてメンバーの協力を求める．ひとつの事例に予定する時間は長くても1時間半以内が適当とされる．

②　事例を提示する

報告者は事例の全体的なプロフィールとともに，その事例を選んだ理由を明らかにし，事例提供にいたった経過や事例の何を検討してほしいのかを報告者の立場から提示する．発表は資料に基づいて行うが，一般的には20分以内である．

　③　事例を共有化する

　進行係は事例の提示を受けたメンバーが，質疑応答と追加情報によって必要な情報を共有できるようにする．

　④　課題を抽出する

　進行係はメンバーに対して，問題の重要性や緊急性の程度の別を問わず，当該事例の問題点や課題を列挙させる．問題点だけではなく，クライエント自身がもつ長所，強さを最大限に生かしていけるようにするための課題についても列挙させる．大切なことは参加メンバーのそれぞれの専門職としての意見を尊重することであって，無理に統合することではない．そして問題点や課題の一つひとつに簡潔な表現のタイトル（名前）をつける．

　⑤　課題の優先順位を決める

　名前や優先順位をつけることは，ケアチームがその課題を取り扱えるようにすることである．

　⑥　援助方針を決定して役割を分担する

　実現可能な具体的な対策を考える．自分たちが対応できる範囲の既存サービスに当てはめるだけの援助にならないように注意する．

　⑦　ケアカンファレンスをまとめる

　進行係は結論を整理し，メンバー全員に確認を求める．暫定的であれ，決定的であれ，必ず何らかの結論を出すことが大切である．当日出席できなかったメンバーには，記録係が作成した文書で結果を伝達する．

　ケアカンファレンスでは，クライエントの個人情報が開示されることになる．クライエントからケアカンファレンスを実施することの了解を得ておくことが大切である．当然のことであるが，ケアカンファレンスの結果はクライエ

ントに報告する．これはインフォームド・コンセントとよばれるものであり，今後は，本人や家族がケアカンファレンスに参加することを検討することが大切になる．

参考文献
- 相澤譲治ほか編『事例を通して学ぶ社会福祉援助』相川書房，1998年
- 岩間伸之『援助を深める事例研究の方法』ミネルヴァ書房，1999年
- 小関康之ほか編『臨床ソーシャルワーク論』中央法規出版，1997年
- 白澤政和監修『ケアマネジメントの実践—ケアカンファレンスの展開を中心に』中央法規出版，2000年
- 全国社会福祉協議会ほか編『ケースマネージメント』全国社会福祉協議会，1990年
- 西尾祐吾編『保健・福祉におけるケース・カンファレンスの実践』中央法規出版，1998年

11 事例研究の方法

§1　事例研究の目的と種類

　保育士，介護福祉士，社会福祉士等の福祉専門職は，それぞれの現場において支援対象となる子どもや高齢者，障害者およびその家族に日々繰り返し働きかけながら支援を行っている．こうした福祉現場での支援活動を保育実践，介護実践あるいはそれらを総称して社会福祉実践とよぶことがある．

　辞書で「実践」ということばを引いてみると，① 実際に行うこと，② 人間が意識的に環境（人間・社会・自然）に働きかけてこれを変革する行為，とある[1]．すなわち，社会福祉実践とは，対象者に意識的に働きかけてその人達の状態をよりよい方向に変革していく行為である．

　しかし，日々出会う一人ひとりは，育ってきた環境も性格も身体的状態も異なるため，あらわれる問題もきわめて多様であり，多面的である．したがって，表面的な現象のみからは，問題の本質がみえないため，専門的知識や理論がそのままあてはめられず，働きかけの糸口が見いだしにくい場合が多い．

　そこで，それらの「事象（問題を含むある事実）について，その原因・対策を明らかにするため，その問題や事実を含む具体的な場面・記録・資料などを材料として研究（学習）していくための方式」[2]を事例研究という．

　事例研究は，1870年頃ハーバード大学のラングデル（Langdell, C.）教授が法学教育の一端として用いたのが初めとされている．この方式は，ハーバード法とよばれ，世界的に注目をあび，医学，社会学，経営学等の諸分野でも取り入れられていった．

　事例研究の目的は，支援者の専門性を高めるための教育的な目的（case method for instruction）と，問題解決法や一般的法則を見いだそうとする研究的な目的（case method for research）との2つに大別することができる．

| §2 | 事例研究の方法 |

(1) ハーバード方式

① 概要と方法

　この方式は，総合的な立場から事実を判定し，意思を決定する能力を養成することを目的としている．やり方は，提出された事例の実践報告をもとに参加者がその内容について評価，検討し，事例の理解を深めたり，問題を発見し解決策を導き出すものである．

　参加者は，20名以下を基本とし，それを超える場合は，小グループ化してすすめる．場所は，小会議室か研修室を用い，全員が対面できるよう机を配置する．黒板（ホワイトボード），必要に応じてVTR，OHP，テープレコーダー等の視聴覚機器を利用する．参加者の構成は，司会者，助言者，事例提供者，記録係，各参加メンバーである．同一職種だけでも可能であるが，事例に関係するさまざまな職種が加わった方が多角的な検討ができる．所要時間は，3時間以内が原則である．それを超えると疲れが出て集中しにくくなるし，短すぎると事例の説明のみに終始してしまいがちである．[3)4)]

② 手　順

1）事例の発表（10～20分）

　あらかじめ，事例提供者がレポートを作成し，事前に配布する．レポートは司会者が読み上げる．

2）解決すべき問題点の発見（10分）

　各自が解決すべき問題点を整理し，それを自由に出し合う．それをすべて板書し，傾向の似たものをまとめて整理する．

3）事実の確認と整理（20～40分）

　問題点に関連があると思われる情報を問題点との関連を分析しながらレポートのなかから引き出し再整理する．たとえば，子どもの他児へのかみつきを問題行動ととらえたレポートで，① ことばの発達に遅れがみられる，② 家庭で本児に対して発達段階以上の期待やあせりがある，③ 自分が使っていたおも

ちゃを他児が使おうとしたときなどにかみつきが多い，④ 保育士がかかわっていないときに多い，などの事実が確認できれば，かみつきの原因が推測でき，対策の目途がつくであろう．これも板書したり，模造紙に書いて提示し，認識の共有をはかる．

4）解決策の決定と検討（60～80分）

参加者が問題点ごとに具体的解決策を書き，司会者がその紙を集める．10～20分の休憩を取り，司会者は問題点ごとの解決策を発表する．その解決策ごとに，その根拠や実際に実施可能かどうかなどについて全員で討議する．

5）問題点や解決策の一般化と評価（30～60分程度）

採択された解決法は，どのような原理や理論によっているのか，援助関係の基本原則，他に問題はないか，運営上の反省点をあげて評価する．そして助言者からの講評をうける．

(2) インシデント方式

① 概　要

マサチューセッツ工科大学ピゴーズ博士（Pigors, P.）が開発したインシデント・プロセスによる事例研究法は，問題があらかじめ与えられるため参加者が傍観者的になりやすいハーバード方式の欠陥をのぞき，実践による学習（Learning by Doing）をねらって開発された方式である[5]．

インシデント方式は，実際の事件場面を再現した事例を，参加者は事例提供者と同じ立場に立って情報を集め，問題点を明確化し，解決策を考えなければならない．

② 方　法

参加者は12～13名が適当である．参加者が多数の場合は小グループに分けて行うとよい．役割分担は，全体の司会者，事例提供者，記録係，進行係（事例提供者，記録係が兼ねても良い），参加メンバーである．インシデントはふつう2名以上の会話形態（400字詰め原稿用紙2枚程度）で提示される．

③ 手　順

1）インシデントを調べる（5分程度）

各メンバーは，インシデントのなかから，どこに問題があるのかを探しだし，それに沿ってどんな情報を聞き出したらよいかを考える．だいたい3～5つくらいあげるのが普通である．

2）事実を集め組み立てる（60分程度）

各メンバーは，聞き出す必要があると考えた情報についてリーダーに質問し，事実を集める．60～100問程度の質問が出される場合が多い．

メンバーの推理力を養うため，リーダーは，質問されたこと以外は答えない．

メンバーは，探し出した問題点と得られた情報を組み合わせ，自分なりの問題点の条件整理をする．

3）ケース・レポートおよび補足説明

成育史や経過，補足説明を事例提供者が行う．

4）問題の設定（10～20分程度）

何が問題で，いますぐ解決すべき問題は何かについて情報を整理しながら考える．

5）決心と理由（20分程度）

設定された問題ごとに，自分ならどういう解決策をとるか（決心）とその理由を箇条書きにしてみる．

6）教　訓（20分程度）

この事例から何を学んだか，この事例研究のやり方のなかで何を学んだかを，各自に発表させたり，紙に書かせたりする．

④　オブザーバーレポート

オブザーバーレポートは，第三者として事例研究会の全過程を観察し，うまくいった点，まずい点，検討した視点のより高い視野，あるいは別の専門的視野からの整理，理論づけなど，スーパーバイズ的役割を担うレポートである．

このレポートにより，リーダーも各メンバーも実践的視点にさらにみがきをかけることができるのである．

(3) 事例提供資料の作り方

資料は，事例を知らない相手にもわかるよう配慮するとともに簡潔に要点をまとめる．まとめるべき内容は次の項目である．

1）対象者のプロフィール（① 名前またはイニシャル，② 性別，③ 生年月日，④ 年齢，⑤ 心身の状況，⑥ 基本的生活習慣の状況，⑦ 行動・性格特性，⑧ 事例の状況の概略等）

2）家族関係・他の援助機関との関係（後述のマッピング技法を用いるとわかりやすい）

3）成育史

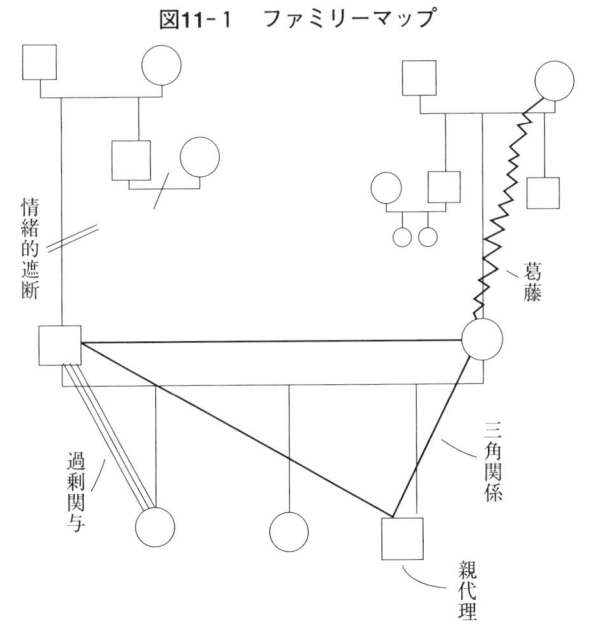

図11-1 ファミリーマップ

出所）アメリカ夫婦家族療法学会編著，日本家族心理学会訳編
『家族療法事典』星和書店，1986年，p.13

4）援助および問題となる状況の経過

5）関係職種，機関の所見

6）事例提供者の問題意識

(4) マッピング技法

　マッピング（mapping）技法は，援助者が社会福祉サービス利用者の抱えている問題をともに解決していくための一助として，そこに関わるさまざまな人びとや社会資源あるいは家族内関係の相互作用をわかりやすいかたちで描き出していく図式法である[6]．

1）ファミリーマップとジェノグラム

　ファミリーマップは，家族関係図ともいわれ，「家族成因の相互交流のあり方にみられる力関係やコミュニケーションの状況，行動パターン，情緒の交流等を図式化して，家族内の複雑な問題状況を比較的平易な形で表現する図式法」[7]である（図11-1）．

　また，今までの時間経過のなかで3世代以上にわたってみられる関係の特徴やライフイベンツを図式化したものが，ジェノグラム（世代関係図）である（図11-2，図11-3）．

図11-2　3世代的世代関係図

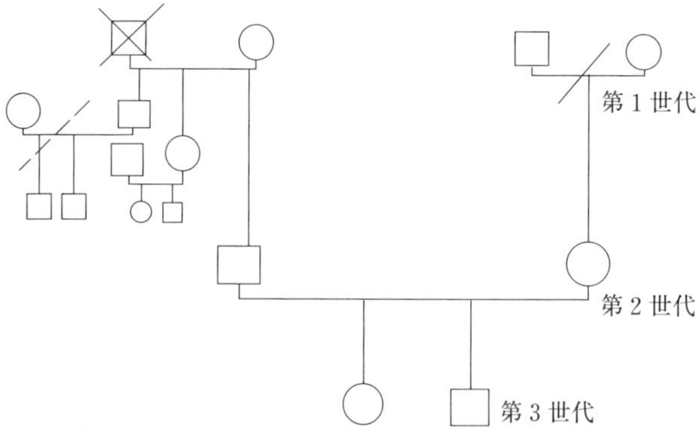

出所）図11-1に同じ，p.51

図11-3　ジェノグラム，ファミリーマップ作成における基本表記法

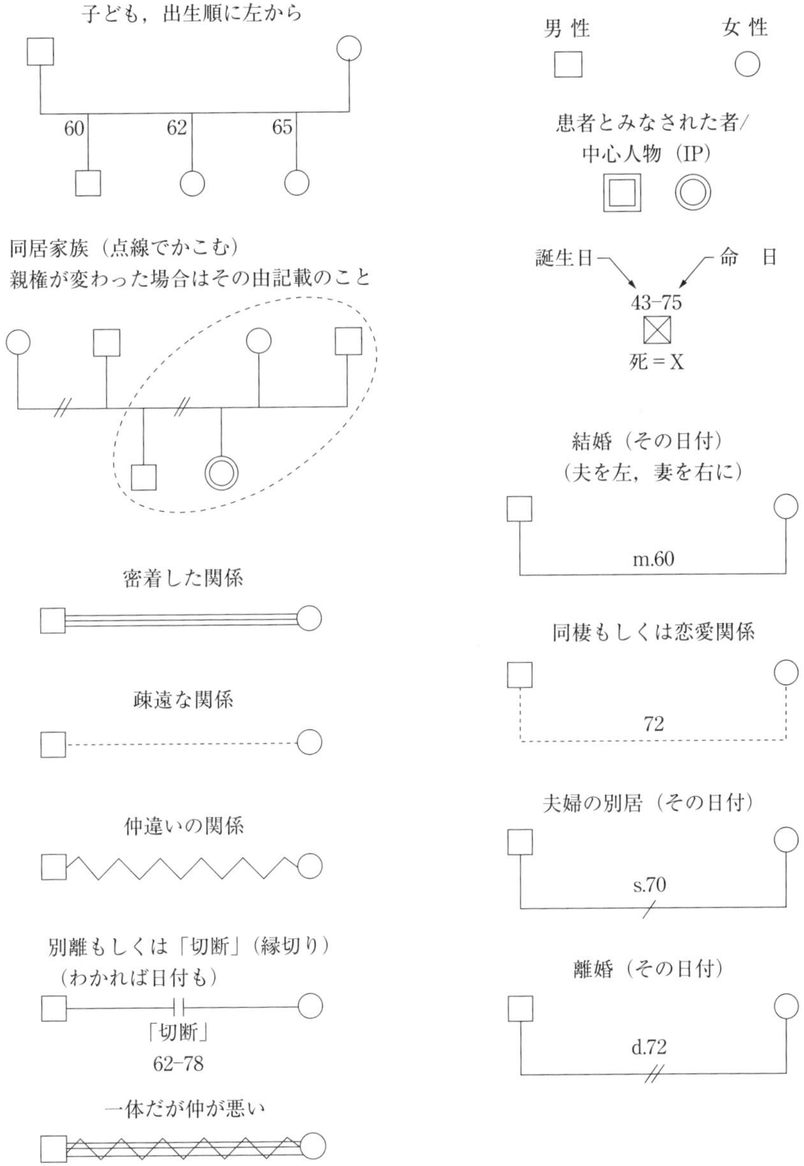

子ども，出生順に左から

男性　　女性

患者とみなされた者/
中心人物（IP）

誕生日　　命　日
43-75
死＝X

同居家族（点線でかこむ）
親権が変わった場合はその由記載のこと

結婚（その日付）
（夫を左，妻を右に）
m.60

密着した関係

同棲もしくは恋愛関係
72

疎遠な関係

夫婦の別居（その日付）
s.70

仲違いの関係

離婚（その日付）
d.72

別離もしくは「切断」（縁切り）
（わかれば日付も）
「切断」
62-78

一体だが仲が悪い

出所）M.マクゴールドリック・R.ガースン著，石川元ほか訳『ジェノグラムのはなし』東京図書，1988年，pp. 222-224

図11-4　エコマップ

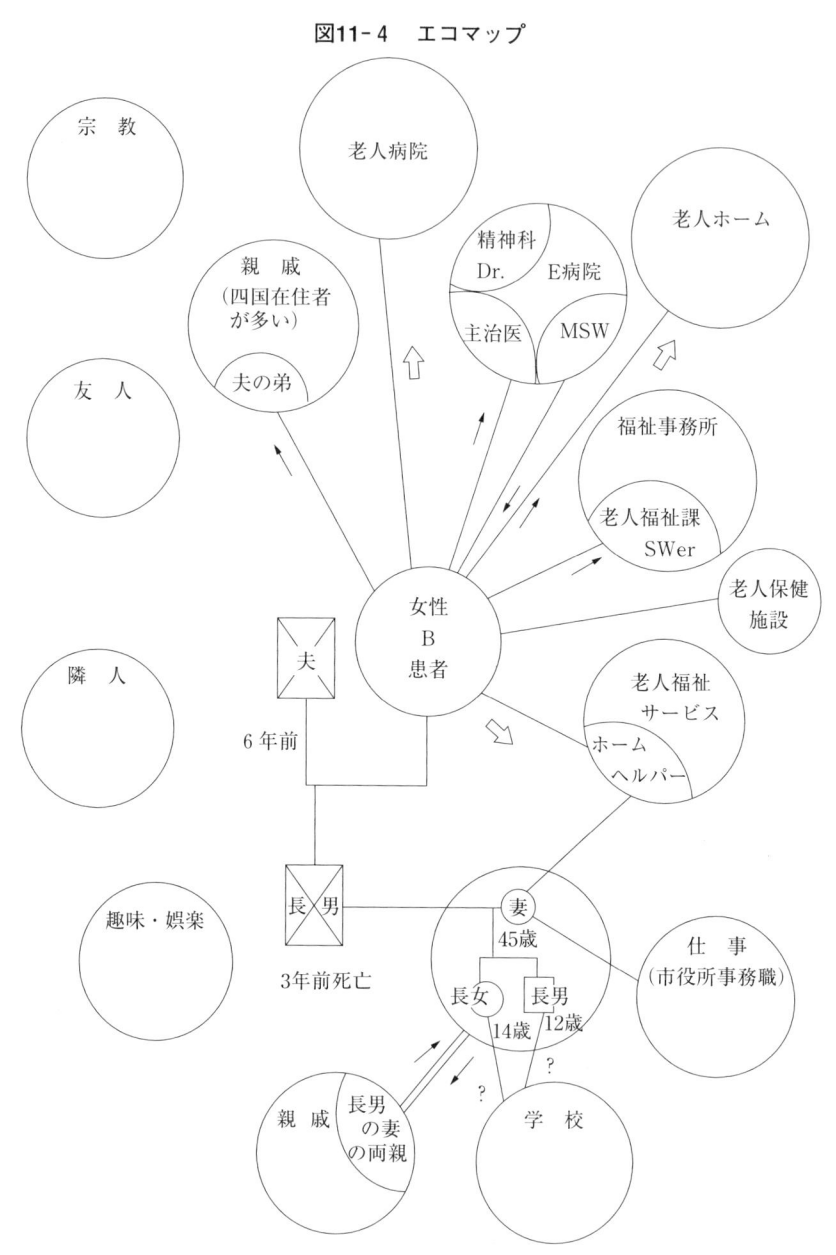

宗教

老人病院

親戚
（四国在住者
が多い）

夫の弟

精神科
Dr.　E病院

主治医　MSW

老人ホーム

友　人

福祉事務所

老人福祉課
SWer

老人保健
施設

女性
B
患者

夫

6年前

隣　人

老人福祉
サービス

ホーム
ヘルパー

趣味・娯楽

長男

3年前死亡

妻
45歳

仕　事
（市役所事務職）

長女　長男
14歳　12歳

親戚　長男
　　　の妻
　　　の両親

学　校

出所）岡本民夫『改訂福祉職員―研修のすすめ方』全国社会福祉協議会出版部，1992年，p. 81

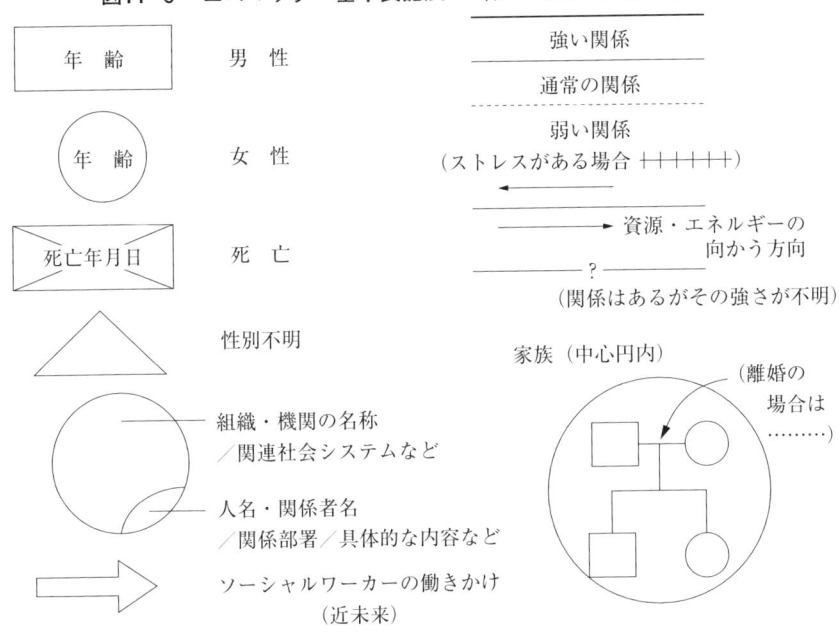

図11-5　エコマップ―基本表記法―（社会福祉援助技術研究会案）

年齢（□）	男性
年齢（○）	女性
死亡年月日（◇）	死亡
△	性別不明
○（大円）	組織・機関の名称／関連社会システムなど／人名・関係者名／関係部署／具体的な内容など
⇒	ソーシャルワーカーの働きかけ（近未来）

関係線：
- ───── 強い関係
- ─────── 通常の関係
- --------- 弱い関係（ストレスがある場合 ++++++）
- ──→ 資源・エネルギーの向かう方向
- ────?──── （関係はあるがその強さが不明）

家族（中心円内）（離婚の場合は………）

出所）図11-4に同じ，p.82

両者を併用すると，利用者が抱えている錯綜した状況を家族との関係のなかから生み出された問題として位置づけることができ，当面の介入場所を構造的に把握できる．さらに，世代間での問題の移行や変化を歴史的に把握できる．

2）エコマップ

家族とそれをとりまく各種社会資源との間にみられる関係状況をわかりやすく図式化したものが，エコマップである（生態地図，社会関係図ともよばれる）（図11-4，図11-5）．

ファミリーマップやジェノグラム，エコマップを併用することで，複雑さを増す事例の問題点や経過，介入の糸口，社会資源の連携のあり方を視覚的に把握できるという大きな利点がある．

注

1) 松村　明『大辞林（第2版）』三省堂，1999年
2) 田中恒男『ケース研究の理論と進め方（第2版）』医学書院，1969年，p.12
3) 吉沢勲編『事例研究』相川書房，1992年，pp.11-13
4) 相澤譲治ほか編『事例を通して学ぶ社会福祉援助』相川書房，1998年，p.8
5) 西尾祐吾編著『保健・福祉におけるケース・カンファレンスの実践』中央法規出版，1998年，p.12
6) 福祉士養成講座編集委員会編『社会福祉援助技術論Ⅰ（総論）』中央法規出版，1999年，p.147
7) 6）に同じ，p.148

参考文献

- 久保紘章編『社会福祉援助技術演習』相川書房，1996年
- 山崎美貴子『ケース研究のすすめ方』全国社会福祉協議会出版部，1990年
- 吉沢　勲『介護福祉士事例研究ハンドブック』時事通信社，1989年

Ⅲ

ソーシャルワークの実際

事例理解のためのトレーニング

　本書では，ソーシャルワークの基礎知識をおさえたうえでソーシャルワークの実際に関する事例を掲載している．事例を読み，演習課題に取り組んでいくことによって，「実践力」を体得することができるような構成をとっている．現場の状況や具体的な取り組みを知らなければ「実践力」は身につかないとの考えからである．

　「実践力」としての援助者の技能にはたくさんある．援助者として自律的に実践していくためには1章から3章の内容にあるように自己理解，他者理解，コミュニケーションスキルは基本的な技能である．また，4章以下のソーシャルワークの基礎知識のなかの事例研究，ケアカンファレンスの方法等も十分に理解しておかなければならない不可欠の技能であるといえる．

　そこで，第2部の基礎知識と第3部の実際を補う「実践力」を身につけていくためのトレーニングを以下紹介していくことにする．理解だけでは，実際の対人援助は展開できないからである．

　最初にその前提となることを考えていきたい．それは，① 問題を探ること，② 情報を集めること，③ 表現することであり，これらを主体的に取り組んでいくことが問題解決型援助の視点といえる．

(1) 問題を探る（みつける）こと

　援助していくためには，いったい何が問題となっているのかに気づかなければならない．いわゆる「気づき」の大切さである．「気づき」とは，「あっ，そうか」「どうして」という問題意識のことである．そしてこの気づきのためには，観察眼を養っていくことがたいせつである．また観察するためには，援助者は一度たちどまらなければならない．身体的にたちどまることを含め，意識

的にじっくりと「見る」「聴く」「におう」「触る」時に問題が「点」としての一部の視点から「面」としての全体的な視点へ広がっていくのである．つまり意識的にたちどまる時に，問題意識があきらかにみえてくるからである．

そこで，次のような演習①を個人で，そして小グループで考えてみよう．

演習 ①

　　女性　19歳　大学生
　わたしは，この学科にはいるべきではなかったと思うんです．自分で本当にやりたいことが何なのかよくわからないんです．この大学を受験する時も，進路の先生や親ともよく話し合ったのですが．その時はやれそうだったし，とにかく大学生になって両親を安心させてあげたかったのです．でも，入学してこの1年半は，わたしとしては全然おもしろくないし，授業も出たり出なかったりして．そのために必修の単位もいくつかおとしているんです．もう大学を辞めたい気持ちもあります．でも，ちゃんと卒業して就職しなければならないと思うし．最近は，どうすればよいのかわからないし，実は授業にはほとんど出てないんです．

① この女性の訴えについて整理してみよう．
② この話を聞いた時の援助者の思いを考えてみよう．
③ この女性に対する問題解決のためのアドバイスをしてみよう．
また，ロールプレイすることによってそれぞれの思いを感じてみよう．

(2) 情報を集めること
　情報源には，① 調査・アンケートをすることによって，② 利用者や家族との面接を通して，③ 文献・雑誌等の活字から，④ パソコン等の情報機器から等が考えられる．援助（介護）しながらでも，利用者から貴重な情報を得るこ

とができる．そして，正確な情報を集め，問題解決に必要な情報を適切に整理する力も求められる．情報を取捨選択していく力を身につけていくことも問題解決につなげる一歩となる．

情報を整理する方法には，エコマップ，ジェノグラム等もある．

そこで，次の2つの事例を読みエコマップを描いてみよう．

演習 ②

A（82歳　女性）の家族は，4人である．Aの夫は，6年前にガンで死亡している．長男は，4年前に交通事故のため死亡した．そのため，長男の妻（39歳），長女（15歳），長男（11歳）と住んでいる．妻は，事務職の会社勤めをしている．長女は，近くの中学校へ，長男は小学校へ通っている．Aは心臓病の持病をかかえており，S病院に通院（1週間に2回）している．S病院のD医師をとても信頼しており，よく相談にのってもらっている．妻は，会社勤めをしていることもあって，昼間のAのことが心配である．そこで，福祉事務所の老人福祉課ソーシャルワーカーへホームヘルパーの派遣のことで相談にいっている．隣家のFは，おりある機会にAを訪ね話し相手になっている．妻の兄弟は東京に住んでいることもあって，疎遠である．Aの兄弟は，隣のG市に住んでいる．Aの弟とはけんかしていて，全然連絡はない．Aの妹はときどきAを訪れ話し相手となっている．また，民生委員のHはこの家庭を2週間に1度訪問している．

（1997年1月13日現在）

演習 ③

　A（男性，85歳）宅は，その妻B（80歳），長男夫婦（長男45歳，妻40歳），長女（17歳，高校生），次女（14歳，中学生），の6人家族である．Aは3年前から痴呆性症状をおこし，物忘れや徘徊が頻繁になってきている．Aへの介護はBが中心であるが，妻自身腰痛をかかえており十分な介護ができないでいる．長男はJR西日本に勤務し，その妻は子どもたちの教育費のこともあるので，近くのスーパーへ週3回パートにでている．長女は大学受験時期であるが，Aが夜中に騒ぐので「勉強ができない」と訴えている．次女も学校から直接帰らず友人C宅に寄ってから帰る毎日が続いている．Aの兄弟は近隣の市に住んでいる．Aの弟D（80歳）は，E市に住んでいるが，財産分与のことが原因で30年来音信がない．Aの妹F（75歳）はG市に住んでいる．1ヵ月に1回程度，A宅を訪れAのよき話相手となっている．Aの隣近所には同性の幼なじみであるH，I，Jが住んでいる．Jとは以前ゲートボールの試合の時にけんかをしてそれ以来絶交状態が続いている．H，Iとは1週間に1回程度A宅を訪れている．AはH，Iを信頼しているのか顔を見ると穏やかな表情となる．とくに，Hは小学校，中学校ともずっと一緒だったのでお互いに信頼しあっている．地域の民生委員のK（女性，63歳）は2年前から1ヵ月に2度A宅を訪れて，いろいろな福祉サービスの情報提供をしている．A，BはかつてL宗教団体の会員であった．現在は団体を脱退しているが，L宗教団体のMが毎日のように訪問するので，Bと玄関先でいつもけんかしている．

（1998年1月12日現在）

演習 ④

反対に，次のエコマップからサービス利用者の状況を説明してみよう．

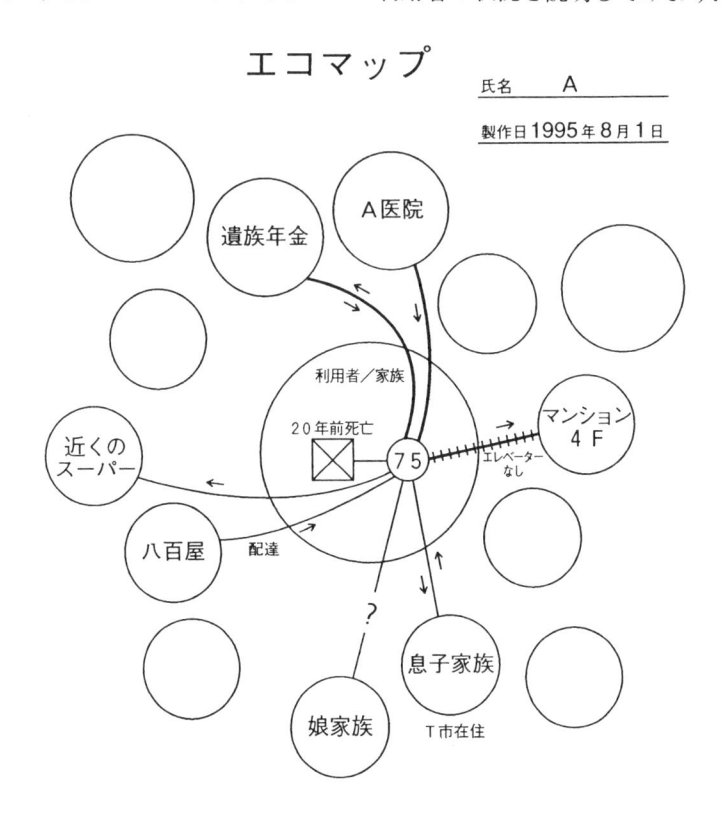

エコマップ

氏名　A
製作日 1995年8月1日

- A医院
- 遺族年金
- 利用者／家族　20年前死亡 ☒　75
- マンション 4F（エレベーターなし）
- 近くのスーパー
- 八百屋　配達
- 息子家族
- 娘家族　T市在住

(3) 表現すること

　現場実習での実習日誌や日々の実践記録自体，「文章」で表現するに相当する．

　「記録をきっちりと書ける」というのも「実践力」のひとつである．人間の記憶力ほど信頼できないものはない．記録のないところによりよい実践はありえない．しかし客観的で具体的な記録が求められるが，容易には書けないのも事実である．やはり，トレーニングが必要である．

　また，この表現することには文章表現のほか「口頭発表」も含まれるし，

「レジュメ」作成も含む．そして，日々の業務で不可欠な「報告」も含まれる．「報告」することがおろそかになると，チームワークにマイナスの影響を与えるし，ひいてはサービス利用者に対する援助に悪影響を与えることになる．

そこで，次に正確に表現することを目的とするトレーニングをしてみよう．

演習 ⑤

筆記用具と原稿用紙を用意する．
方法
① 資料1を配布する．
② 次のような問題を出す．

次の絵を見てください．そこに何があるか，どうしているかをそのまま文章に書いてください．あなたが感じたことや思ったことは書かないでください．この絵を見ていない人にも，その場のようすがわかるように書けばいいのです．160字以上，220字以内の文章にまとめて解答らんに書いてください．句読点も1字と数えます．

③ 資料2を配布する．
④ ②と同じ内容を説明する．
⑤ 隣の人と交換する．
⑥ 資料3を配布し，採点し本人にもどす．（50点満点）
⑦ 各自，ふりかえる．

この演習では，自分の文章をしっかりとふりかえることが不可欠である．自分自身の文章表現のバイアスを知ることが自己理解のひとつとなる．バイアスの修正をこころがけていく主体的な姿勢がよりよい援助者と育っていくのである．

資料1

資料2

資料3

	加点項目			
〔絵の内容記述の着眼点〕(40点)	a	b	c	d
	(A) 《校庭のにわとり小屋》 (例) 男の子と女の子が小屋を掃除している様子	(A) 一人の女の子がバケツを小屋の方へ運んでいる。左側の男の子はえさを入れている。	(A) 校舎の時計が8時をさしている。	(A) 五わのにわとりが小屋の外にいる。
	(B) 男の人が、犬を連れて歩いている、または男の人に連れられた犬が門の中の犬にしっぽをふっている	(B) 《男の人と犬についての描写》 (例) 男の人は袋をもっている。犬は小さい犬、または耳が長い。	(B) 門の中の犬が、前足を門のさくにかけて、しっぽをふっている。	(B) 《門の内部についての描写》 (例) 犬は大きい、または門柱に表札が出ていて、その左側に郵便受けがある。女の人がほうきをはいている、または門から玄関まで、踏み石が置かれている、または家の窓の下に花壇がある。
	10点	10点	10点	10点

※ a〜eのすべてを満たした場合には50点を得ることになる。

	減点項目	
e	一六〇字以上、二二〇字以内で書き、文章の形式になっている。	10点
f	誤字、脱字、送りがなの誤りがある。	マイナス5点
g	明らかな文法的誤りがある。	マイナス5点
h	常体・敬体が混じっている。	マイナス5点
i	語句の使い方に明らかな誤りがある。	マイナス5点
j	文章が完成されていない。中途で放棄されている。	マイナス10点

※ 合計点がマイナスになる場合は0点とした。

(出所　日本語文章能力検定協会『日本語文章能力検定　平成一二年度版　五〜七級　過去問題集』㈱オーク　二〇〇〇年三月)

また，基本的な疑問としてどうして社会福祉サービスが必要なのかを次のようなかんたんな事例を素材に考えてもいいだろう．第Ⅲ部　ソーシャルワークの実際を考えていくさいの予備的なトレーニングとして活用してみよう．

演習事例 ⑥

A（85歳）は，妻（78歳）と2人ぐらしである．妻が2年ほど前から痴呆性症状をおこし，物忘れや徘徊がひどくなってきている．日常はAがなんとか世話をしたり，近くに住む娘がたびたび様子をみにきてくれてはいるが，Aも世話や家事のことで精一杯の状態であり慢性的なつかれもある．A夫婦を支えていくにはどうすればよいのだろう．

演習事例 ⑦

B（5歳）は，出生直後の高熱が原因で脳性マヒとなってしまった．上下肢の運動機能と言語面にも障害がある．両親は，Bの学校のこと，そして将来のこと等で不安な気持ちをかかえている．この不安を少しでもなくし，またBくんに対する援助についてどのように考えていけばよいのだろう．

演習事例 ⑧

C（39歳）は，大手銀行に勤務する中間管理職であった．残業や日曜出勤が続いていたある朝，突然脳溢血で倒れ入院することになった．妻は突然のことで動揺し，子ども2人も心理的に落ち着かないためか学校に行かないようになった．妻は，近所に相談する人もいないし，これからの生活のことも含めどうしようかと思い悩んでいる．この家族を支えていくにはどうすればよいだろうか．

演習事例 ⑨

D（21歳）は，保育所に勤めている．4歳児クラスの担当である．ある時，

クラスのひとり，Eちゃんの背中にやけどのあとがあることに気づいた．その2日後には，おしりにも背中と同じような大きさのやけどをみつけた．Eちゃんにやけどのことをたずねても「だいじょうぶ」「なんでもない」といい張るばかりである．送迎時に母親に確認してもあいまいな返事しか返ってこないので，しばらくそのままの状況となっている．しかし，どうにかしなければと考えているが誰にも相談しないままになっている．

　社会資源という用語がある．ごく簡単にいえばソーシャルワーク，とくにケースワークにおいては面接と社会資源の活用によって問題解決していく．また，ケアマネジメントにおいても社会資源の活用次第で問題解決できるかが左右される．いわば，援助者としての質のひとつにどれだけ地域にある社会資源を十二分に活用できるかがあげられよう．各演習事例における社会資源を個人で，そして小グループで考えていくことで，援助者としての「実践力」を体得していくための実践的なトレーニングとなるだろう．
　次章以降の事例に取り組んでいくことによって，問題解決型の「実践力」を一人ひとり体得していってほしい．

☆　☆　☆

12　保育所

§1　クライエントの紹介

　　本人A男　（2歳）
　　父親B輔　（34歳）
　　母親C子　（28歳）
　　姉　D子　（4歳）

(1)　事　例

　A男は出産時の異常もなくその後の発育も順調であった．ひとりで歩けるようになる1歳過ぎから，母親がいなくても平気であちこちへいくので，母親はA男から目が離せなかった．1歳4ヵ月に麻疹による高熱のために1週間の入院．それを機に，母親から片時も離れられず，母親がトイレにいくのにもついていくほどになった．保健所での1歳半健診でことばの遅れが気になるといわれ，経過観察になった．母親は耳が聞こえないのではないかと心配になり，1歳7ヵ月に，かかりつけの医師の紹介で小児の医療センターの耳鼻科を受診．耳に異常はみられないが，自分の興味に対してしか反応しないということで，同センターの言語科の受診を薦められた．言語科では，行動観察，発達検査の結果，軽度発達遅滞と診断され，1週間に1度，6ヵ月間療育指導を受けた．その後医師に保育所を薦められ，2歳10ヵ月の時に入園することになった．

　父親は自営業で，母親は父親の仕事の経理を担当している．父親は仕事の忙しさと，A男が小さい頃から母親以外は拒否し，自分になつかないことで，ほとんど抱かずに過ごし，A男の遅れに関心を示さなかった．母親はA男の発達

が遅れていることで，わがままと思える行動も受け入れてはいるが，時として，我慢できない苛立ちのはけ口を，A男の姉に向けるようになっていた．

　入園の面接では，A男は母親と一緒に座っていたが，しばらくして窓際にいき，外をみたり，部屋をうろうろする．大きな声で独り言をいったり，意味不明のことばを何度も繰り返す．母親が声を掛けるとチラリと母親をみるが，また部屋のあちこちを歩きまわる．同席の福祉サービス課の面接者が，母親にA男について質問をすると，「ことばが遅く，母親の姿がみえないと泣き叫び，父親でさえ抱かれるのを拒否するので仕事もできない」と話す．面接者は，障害児として園が受け入れるためにも，児童相談所でみてもらうように薦め，療育手帳について説明すると「聞いていますが，障害児といわれるのが……」と涙を浮かべてうつむいてしまった．療育手帳受理に関しては親の自由意志であることを告げて，面接は7～8分で終わった．

(2) 事例の概要

　E保育園は，統合保育に積極的に取り組み，毎年数人の障害児が在籍している．併設のコミュニティセンターには，障害児の療育相談室が置かれ，E園の障害児や保護者に対しても，専門家の指導や親のカウンセリングを行っている．また，療育スタッフは保育園に在籍している障害児の様子を定期的に観察し，保育士と話し合う時間がもたれている．

　E保育園の所轄のF市は，2月末に入園児を決定し，そのなかで障害児として認められるのは3月上旬である．障害児3人に対して加配の正職員を置くことができる．しかし，この時期に加配の保育士を採用することは大変なことである．また，クラス担任の配置，障害児を受け入れるための職員間での話し合い等を半月の間に行うことになり，十分な準備期間がもてないまま，入園式を迎えることになる．

　この年もA男を含み，3人の障害児が入園予定となった．器質的に大きな問題はないが，歩行困難があるG子，情緒的に不安定なH太，昨年から在籍して

いる難聴のI子と，全員で4人の障害児の受け入れになった．加配保育士も決まり入園を迎えることになったその直前に，ことばの遅れのある4歳児のJ太郎が入園を希望してきた．面接時に，ことばの問題だけでなく身辺自立や遊びもかなり遅れていることがわかった．A男を担当する予定であった加配保育士がJ太郎を急遽担当することになり，A男の2歳児クラスは16名で3人の保育士が担当することになった．

§2　援助のプロセス

(1)　入園1週間のA男の様子

家庭では母親から離れたことがなかったため，園での様子をみながら，約1ヵ月かけて保育時間を徐々に延ばす「慣らし保育」を行うことにした．この体制は両親が自営業なので時間の融通がきき十分な協力が得られた．

入園から1週間は午前中の保育で終わった．A男の様子は，毎朝，母親に抱かれて登園する．しばらく園庭で母親の近くをうろうろしたり，すべり台ですべったり，プールサイドで大きな声を発しながらぐるぐる走ったりする．母親の手首をもって自分のいきたいところに連れていく．保育士が近づくと「イヤイヤ」といいながら母親にしがみつく．母親から引き離されると，大泣きしながら母親を追いかけ門まで走っていく．泣きながら門の外をみたり，門の鍵をさわったりしながら，時々泣きやみ，再び泣き出すという繰り返しであった．保育士がA男に手を差し出してもそれを嫌がり，園庭で遊ぶように誘っても，しゃがみこんで保育士の誘いを拒否する．「アッチ，アッチ」と門の外を指さす．A男に拒否されながらも毎日，門の周辺を保育士がA男の後をついて歩き，時々発する自発発声を保育士が同じように繰り返し応答する．そのうち時々チラッと保育士をみるような行動があらわれるようになった．

(2)　入園1週間後の職員間の話し合い

当初の保育方針が話し合われた．

1. A男と保育士の信頼関係を形成していく．そのためにA男の側には担任のなかでもきまった保育士が付き，まず1対1の信頼関係をつけ，A男が安心して保育園にこられるようにする．
2. A男と行動を共にしながら，A男の関心のあるもの，興味のあるものをみつけ，遊びの手がかりにしていく．
3. ことば，表情には即時に反応する．音声には，同じ音，同じアクセントで繰り返す．

保育経験10年の中堅の保育士がA男を担当することになり，そのクラス担当がA男とかかわる間は，他の障害児担当の保育士，または園長が2歳児クラスに入ることになった．

(3) 2週間目の経過

保育時間が給食後までとなり，A男は以前にも増して泣き叫び，母親と離れることを嫌がった．しかし，門の前で泣くのは1時間程度で終わるようになり，涙は出さずに声だけの泣き方にかわっていった．担当の保育士はA男と一緒に門の周辺，併設のコミュニティセンターのホール等をA男の後ろからついて歩いた．A男は保育士が後からついてくるのを確認するようになった．園庭でも遊ぶようになり，時には保育士の手をもって援助を求める行動も出てきた．昼食時は，保育士と部屋に入り，座ってご飯を食べるようになったが，白いごはんだけを食べ，後は部屋を出て園庭にいくため，常に目が離せない状態が続いた．毎朝，母親からA男を離す担当の保育士に対して，他の場面でも「イヤイヤ」と拒否するようになった．また，この年の2歳児クラスは，情緒的に不安定な子どもが数人いたため，担任の保育士が抜けることに対して問題が出てきた．

(4) 2週間後の職員間の話し合い

A男の精神的な安定を優先させての体制であったが，A男の様子から，保育

園に慣れるまで，長期態勢の必要が出てきた．2歳児クラスの子どもたちのなかにも，ことばの遅れ，多動な子ども等，保育士が細かく関わっていく必要のある子どもが多かった．他のクラスの担任が交代でA男をみる意見も出たが，全体のクラスが落ち着くまで，園長がA男をみることになった．園長は併設のコミュニティセンターの相談室で長年障害児を担当していたので，障害児とのかかわりは，比較的容易に行うと予想される．また，他のクラスに対しての影響も最小限になると考えた結果である．

(5) 1ヵ月の経過

A男は母親以外の人に抱かれることを嫌がり，自分の要求の時は人の手をクレーンとして使用する以外は手をつながれることを拒否する等，人との身体接触に回避傾向がみられた．A男は後から人がついてくることを確認するようになっていたので，それを使い，「マテ，マテ」と後からついていったり，追いかけたりする遊びを増やしていった．何度も後ろをみながら「マテ，マテ」といいながら走り，園長に追いかけられることを期待するようになった．次は「つかまえた」といって，A男を後ろからタッチしたり，抱きかかえるようにして，身体接触を多くもつようにした．幸いなことに，身体接触に対してさほど抵抗がなく，むしろ笑いながら，「マテマテ」遊びを続けるようになった．その後「マテマテ」遊びのなかに，くすぐったり，抱きあげたり，抱いてぐるぐるまわしをしたりしながら積極的な身体接触を取り入れた．A男も園長の顔をみると「マテマテ」と後ろをみながら走っては止まり，確認したら，また走りだすようになり，遊びを要求するようになった．くすぐられて，大きな声で笑ったり，表情もやわらかくなってきた．自ら抱っこの要求をするようになり，抱かれて「アッチ，アッチ」と自分のいきたいところを指さすように変化してきた．

母親と別れる朝の大泣きは相変わらず続いていたが，園長の顔をみると手を出して園長に抱かれて泣きながら「バイバイ」と母親と別れられるようになっ

た.

　朝の1時間はA男の好きなところで園長と一緒に遊び，その後はクラス担任，幼児クラスの保育士が交代でA男との関係をつけていった.

　1ヵ月が過ぎ，A男はクラス担任の経験3年目の保育士に困った時や，嫌な場面は抱っこの要求をするようになった．朝は，しばらく母親と遊び，母親と別れる時は「イヤイヤ」というが，保育士に「バイバイしようね」といわれると「バイバイ」と母親がみえなくなるまで手を振るようになった．また，部屋続きのベランダで遊ぶようになり，部屋からピアノの音が聞こえてきたら部屋に入るようになった．部分的であるが，他児と一緒に設定保育に参加できるようにもなった．

(6) 母親との話し合い

　母親には，登降時にA男の園での様子を知らせ，母親からも，毎日の連絡帳で家庭の様子をくわしく知らせてもらうことができたが，母親の気持ちや疑問点をじっくり聞く機会が必要に思え，園長と話をすることになった．

　母親は「こんなに先生方にご迷惑をおかけするのでしたら，障害児の施設にいかせてもいいのではないかと思います」といわれた．毎朝，母親と別れる時の大騒ぎや，降園時に，ほとんど外で保育士と一緒にいる姿をみて気をつかわれたのかもしれない．「2歳児組の子どもにはいろいろな子どもがいます．A男君もそのなかのひとりです．今は大変かもしれませんが，毎日少しずつ園に慣れています．私たちはそれを楽しみにしています」と伝えた．親に「いつも迷惑をかけている」という思いをさせないような統合保育を行いたいと考えており，また，母親とは担任や園長がよく話し合っているつもりであったが，そんな母親の気持ちを受け止められていなかったことを反省した．そして母親には，A男の現在の姿とこれからの発達課題を共に話し合い，4年間の保育計画で徐々に集団参加を考えていること，そしてあせらずA男のもっている力を伸ばしていきたいことを伝えた．

図12-1　発達遅滞児の集団参加の過程

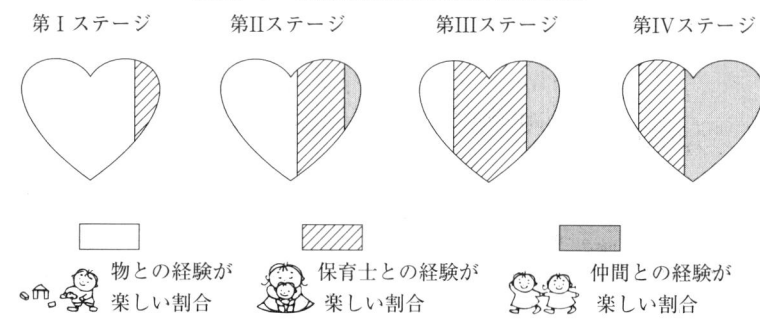

第Ⅰステージ　　第Ⅱステージ　　第Ⅲステージ　　第Ⅳステージ

□ 物との経験が楽しい割合　　▨ 保育士との経験が楽しい割合　　■ 仲間との経験が楽しい割合

注）1．楽しい割合とはあくまでも感覚的なものである．
　　2．この4段階は，障害児が集団に参加していく過程で，どの部分でとどまっているのかを検討するひとつの目安である．

これ以降，母親と園長とは1〜2ヵ月に1度は定期的に話し合いをもち，クラス担任とは1学期ごとに懇談日をもった．

(7)　A男の集団参加の過程

障害児が保育園に入園した時の目標は，まず集団生活に慣れることから始まり，最終目標は集団参加であり，友達と喜んで集団活動を行うことである．

発達遅滞の子どもが，集団に参加していく過程を図に示すと図12-1のように考えられる．

障害児は個人差が大きく，一概に図12-1のようにはいかないが，障害児が集団に参加していく過程の，どの部分で足踏み状態にあるのかを検討するひとつの目安となる．

A男の集団参加の過程を図12-1で説明をしてみる．

第Ⅰステージでは母親との初めての別れを経験し，集団を避け，ひとりであちこちを歩き回り，保育士の介入を拒否する時期であるが，時々保育士をみるようになる．生理的に不快な時は保育士のところにいく．

第Ⅱステージでは保育士と一緒に経験する楽しみをもつようになる．このことは，次の目的である集団に参加していくためのキーポイントといえる．保育

士といると居心地がよく，要求が満たされ，園で過ごすことの不安が少なくなる．物でなく人にしがみつくことで，愛着行動やコミュニケーション行動が育ち，感情の表出，ことばの基礎が大きく育つ時期でもある．

第Ⅲステージでは自己中心的な世界と保育士と一緒にいると安心できる世界が混合されるようになり，一定の保育士に極度に甘えたり，後追いすることもある．また気持ちの切り替えができず，わがままと思える行動をしたり，要求の表現手段が未獲得のため，要求がとおらなかったら，頭を床やドアに打ち付ける等の自傷行為がみられる．

反面，言語の伸びがいちじるしく，模倣行動や模倣言語が多くみられ，集団活動で覚えた歌を口ずさんだり，家庭で手遊びをして周りを喜ばせたりする．

A男は半年で第Ⅱステージまでをクリアーした．保育室で他の子どもたちと一緒にいることが多くなったが，集団のなかで自分の行動をコントロールする力が十分に育っていないため，設定保育，集団での遊びに誘うと，集団から抜け出すことが多くなってきた．相談室のスタッフと話し合った結果，集団に参加させようとあせらず，再び保育士がT男の側につき，要求をすばやく察知し，ことばや身振り表現で「何をしたいか」を伝えられるよう援助していく．また，できたことに対して誉めて，A男の要求表現を豊かにしていくことになった．ここでのスモールステップによる要求行動形成が，障害児の集団活動に参加していく第Ⅳステージの基礎になる．

(8) まとめ

この事例は保育園という生活の場において，障害児が保育士と安定した関係のなかで集団に参加していく経過を紹介した．入園から約1ヵ月，子どもたちは保育士との信頼関係をつくり，家庭以外の安定の場としての保育園で落ち着くようになる．しかし，障害児が母親から離れ，新しい環境に慣れることは大変なことである．保護者も初めての集団に子どもを送り込む不安を抱きながら，子どもの成長に期待する．そのような気持ちを保育士は受けとめなければ

ならない．

　A男の保育方針は，担任からの報告，母親からの情報，また相談室のスタッフの助言を得ながら立てられ，職員間でたびたび話し合い，修正を行っていった．A男が集団に参加できるようになるとともに，A男はめざましい変化をみせた．たとえば，A男はプール遊びが好きで，当初はクラスの子どもたちを待てずに，洋服を着たままプールに入っていた．その後，他児の行動を模倣し始めるようになると，プールに入る準備をみんなとするようになった．服を脱ぎ，トイレにいく，水着を着て，体操をする，という一連の行動を保育士の援助を受けながらできるようになった．

　生活習慣やことばを単独で教え込まなくても，集団参加のなかで，他児の模倣をする力が出始めると，多くのことばを覚え，生活習慣を獲得する姿がみられるのである．

　統合保育では，全職員の協力のもとで柔軟な保育を行わなければならない．柔軟な保育は，子どもや親の状態を客観的に観察することから始まり，固定化しない保育を進めながらも，その保育の振り返りを絶えず繰り返していくなかから生まれてくるのである．

【演習課題】
① 事例における取組みで，ソーシャルワーク的アプローチを実施している点について考察しましょう．
② ハンディをもつ子どもの母親に対する援助で留意しなければならないことは何でしょうか．
③ 保育所における障害児を受け入れる体制づくりについてどのようにしていけばよいか考えましょう．
④ 親や子どもとの信頼関係を築くためにどのようなことが必要か考えましょう
⑤ 障害児が集団参加していく過程における保育士の役割をまとめてみましょう．

13 児童養護施設

§1 クライエントの紹介

(1) 家族構成と主訴

母親は行方不明後,居所が判明し協議離婚となる.家族は父親,中学2年のC子,小学6年Y夫の3人である.主訴は,C子の不登校,深夜徘徊で養育に困っているという点である.最近では,小学6年のY夫をも巻き込んでいる.中学担任の勧めにより父親が,児童相談所に来所して相談することになる.そこで,児童福祉司が在宅指導,児童相談所への通所指導を行うが,一向に改善されず,深夜住宅内の公園でC子を含む数人で騒いでいるところを地域の主任児童委員が警察に通報する.仲間のうちにシンナーを所持していた者がおり,警察で保護される.そのため,父親がC子の身柄の引き取りに出向き,翌朝に父親とC子とで児童相談所に出向く.児童福祉司との面談の結果,C子とY夫を一時保護することになる.

(2) ケースの診断と援助の方向

C子は,非行傾向が伺われるが,友達関係に引っ張られていることによる行動であり,また父子双方のコミュニケーションのまずさも一因となっている.より規模の小さい児童養護施設で,C子らの生活の安定をはかり,父子の心のサポートをすることが求められる.そこで,施設入所を行い家族関係の調整を行うことが目標となった.

§2 援助のプロセス

(1) 施設入所までの経過

児童相談所から施設へ入所依頼の打診の電話がある.ケースの概略と主訴,施設に期待されることを聴取する.施設内で検討のうえ,返答する旨を伝え

る．

　施設内職員会議で入所依頼のケースとして検討する．現在施設に在籍している子ども集団の現状から，非行傾向のある中学生女子を受け入れられるかということや，施設内職員の誰がＣ子らを担当するかという検討を経て，入所を受ける方向で進めることになった．ただし，一時保護中のＣ子らを面談するために出向き，最終的な決定をすることになる．

　子どもたちとの面談のため，児童相談所と日程調整のうえ，担当予定保育士と主任指導員とで一時保護所に出向く．

　Ｃ子とＹ夫は，当初，施設入所に否定的であったが，施設での生活情報を伝え，新しい環境で生活を始めることを説得していく．また，父親とも面談し，Ｃ子，Ｙ夫の生活環境を安定した状態にし，いったん父親と距離を置いたなかで関係の改善を行っていく方向ではどうかと説明する．最終的には子どもたちの意志を尊重するため，父子を交えた面談で意志確認をする．Ｃ子，Ｙ夫は，「いってみてもいい」という．

　児童福祉司，父親，子どもたちとで入所の日程を詰める．

(2)　入所までのコーディネート

　主任指導員と担当保育士が施設校区の中学校，小学校に出向き，学年主任，生徒指導教諭と面談する．Ｃ子，Ｙ夫が当該施設に入所する旨を伝え，学校生活で配慮してもらうように依頼する．在宅時に通学していた学校との間でも情報の交換をするとのことである．

　早速，主任指導員が児童相談所に連絡する．一時保護所での面談の後の子どもたちの様子についてを聞く．また，施設にきても無断で施設からいなくなることも想定されるため，児童相談所から父親にその時の対応についての協力を依頼しておいてもらうように伝える．

　施設内の高校生Ｄ子に，同室で面倒をみてくれるように依頼する．

　Ｃ子らの担当保育士が，入所時までに用意する生活物品や学用品を準備す

る．

(3) 入所時の対応

C子，Y夫，父親と担当児童福祉司が来訪する．主任指導員と担当保育士が面談．再度，施設での生活を説明し，施設で生活することの意味を確認する．施設内の見学をするにあたり，同室の高校生D子と担当保育士が案内する．

父親，児童福祉司が帰るので，玄関で見送る．父親が「頑張れよ」というと，C子は小さな声で「うん」と返事をする．

夕食時に他の子どもたちに紹介する．C子，Y夫ははじめは緊張していたが，同年齢の子どもがたくさんいるので次第に打ち解けている．夕食後，C子に施設の感想を聞くと「なんとかやっていけそう」という．

(4) 問題行動の再発

施設入所以来約2週間経過した頃，施設からC子がいなくなる．主任指導員がY夫から話を聞くが「何も知らない」という．担当保育士と同室の高校生D子がC子の荷物を確認する．いつもつけていた日記帳と，財布がないことがわかった．数人の中学生女子に，何かかわった様子がなかったかを聞く．

主任指導員から父親宅にC子がいなくなったことを伝え，付近の立ち寄りそうな場所を探してもらうように依頼する．

他方，児童相談所一時保護所にC子がいなくなったことを連絡する．また，警察署に家出人捜索願いを届け出る．中学校担任宅にも連絡する．

児童相談所一時保護所より連絡を受ける．同時期に他施設に入所した数名も施設からいなくなっていることが判明したとのことである．

主任指導員が，一時保護所に出向く．他施設の指導員も同席し，情報交換する．A施設の女児には無断外泊できる場所の心あたりがあるので，その場所をみにいく．そこに集まっていた子どもたちのなかにC子がいたので保護する．一時保護所で仲良くなったメンバーで集まる約束をしていたとのことである．

施設に連れ帰り，今晩はもう施設を出ないように注意し寝かせる．

翌日，施設内で主任指導員と担当保育士がＣ子と面談する．中学の担任が施設にきてくれる．父親，児童福祉司も来訪し，本施設に入所した意味を再度説明する．

一時保護所にて，他施設職員，児童福祉司とでケースカンファレンスを実施する．各施設の子どもの動向に今後も留意していくことを再確認する．

担当保育士が毎晩部屋の様子をみにいき，Ｃ子と談話することにする．そして学校での生活や施設の生活について聞いていくうちに，Ｃ子は自身の生い立ちを話すようになる．父親しかいなかったなかで寂しかったらしい．また，施設にきて親とは，もう暮らせないのかという不安もあったという．

主任指導員より児童相談所にＣ子の最近の様子について報告するとともに，父親に時折施設を訪問してもらうように依頼していただくことを伝える．

すると父親は，仕事の帰りに施設に寄ってくれるようになる．また，訪問できない時には電話をしてくれるようにもなる．

次第にＣ子の表情が明るくなり，「学校のクラスに仲の良い子ができた」とうれしそうにいう．

しかし，施設にきて約５ヵ月経過した頃，再度行方がわからなくなる．各施設に連絡を入れるが，どこの施設にも以前の子どもたちはいるとのことである．

中学生の女児によると，Ｃ子は「昔の友達に会えるから，うれしい」といっていたという．

父親に連絡し，心あたりの所を探してもらうように依頼すると，Ｃ子が「みつかった」とのことである．父親がＣ子を連れて施設にくる．

父子と主任指導員，担当保育士で面談する．父親がＣ子に，なぜこのようなことを繰り返すのかということや，父親としてＣ子のことを，どれほど思っているかということを泣きながら話す．Ｃ子も涙ぐんでいた．Ｃ子は，「中学を卒業するまで，施設で頑張る」という．

C子，中学3年生となり，施設の中学生が高校受験に向けて勉強を始めるなか，同学年の女児が「あの子の勉強をみてやる」との申し出がある．

　この頃，何かと職員に話しかけるようになる．「こんなに勉強するのは，はじめて」という．

　学校が終わった後，施設に帰ってきて「暇だ」というので，施設の厨房職員の手伝いをするかと訊ねると，「家では，していた」と答える．まんざらでもない様子である．厨房でも「よく，手伝ってくれる」と評判が良い．厨房職員とも母親のように話をしている．

　施設長，主任指導員が，施設の中学3年生を集めて進路の話をする．進学については，本人のいく意志と能力，そのための努力が必要である点についてを話す．一人ひとり自分自身でよく考えるように諭す．C子は，高校進学をしたいと希望する．

　そこで，C子の進路のことで児童相談所に連絡する．C子が進学したいという意向を伝え，施設から進学するか，父親のもとから進学するかの協議をしたい旨，依頼する．

　児童福祉司，父子，主任指導員，担当保育士，中学担任でケースカンファレンスを実施する．

　C子は少し不安もあるので，施設から高校へいきたいと希望を述べる．話し合いの結果，高校に合格すれば施設から通うが，もし不合格であれば，父親のもとから就職することになる．そして，Y夫については，中学2年になった時点で再検討することになる．

　C子，高校に合格する．本人自身合格するとは思っていなかったようで，びっくりしていた．C子は，高校入学してから陸上部に入り，卒業後，就職する．その後Y夫も父親のもとから通学できる高校に合格し，姉弟とともに父親のもとに帰った．

【演習課題】
① 子どもが施設に入所する前に、施設から一時保護所に施設の説明などを行うために出向いていますが、この時にどのような配慮をする必要がありますか。
② 施設に入所してきた子どもには、新たな生活を始めるにあたっての不安や、とまどいがあります。そのような時に、自分が施設で受け入れられているという感じをもってもらえるような配慮としては、どのようなものが考えられますか。
③ 子どもが問題行動を起こした時に、短時間で情報を集めて方向性を見いだす必要があります。そのためには日頃の関係機関の連携は重要ですが、そのような関係構築のために日頃どのような配慮をしておかなければならないでしょうか。

14　重症心身障害児施設

§1　クライエントの紹介

(1) 事例の概要

本人は30歳まで家庭で生活を送っていたが，その間，福祉サービスを利用した経験はなかった．しかし，本人の障害状況の変化，両親の高齢化などにより自宅での生活が困難になったため，福祉事務所に次姉が相談した．その結果，緊急に施設入所が必要と判断され，N重症心身障害児施設（以下，N施設という）入所となった．約1年間の入所後，自宅近隣のA重症心身障害児施設（以下，A施設という）に措置変更となった．

(2) 事例紹介（入所時）

① 本人　氏名：M（男性，30歳）．診断名：水頭症，てんかん．大島の分類（図14-1）：4．

② 家族　父（68歳），母（64歳）と同居．兄（42歳），長姉（40歳）は他県に，次姉（36歳）は県内でそれぞれの家族と生活している．

図14-1　大島の分類

21	22	23	24	25
20	13	14	15	16
19	12	7	8	9
18	11	6	3	4
17	10	5	2	1
はしれる	あるける	歩行障害	すわれる	ねたきり

IQ: 80, 70, 50, 35, 20, 0

「大島の分類」は，重症心身障害の定義の一つである．
図の1から4に該当する場合を重症心身障害という．
5から9に該当し，次の条件の一つにでも該当する場合も，重症心身障害児施設の入所対象とする．
①たえず医療管理の下におくべきもの
②障害の状態が進行的と思われるもの
③合併症のあるもの

出所）大島一良「重症心身障害の基本的問題」『公衆衛生』Vol. 35 No. 11, 医学書院, 1971年

③ 入所前の生活状況（生育歴）

乳児期から水頭症により重度の知的発達障害であったが，特別の治療はうけていない．義務教育は就学免除により，未就学である．10年ほど前までは膝立ちで移動可能であったが，転倒により左下肢を痛め，以後寝たきりとなる．てんかん発作は月に2回程度あるが，両親は，額にしっぷを貼ると収まると思っていた．

兄弟はそれぞれ自宅を出ていたが，寝たきりとなってからは，次姉が時々世話のために訪問していた．両親が高齢になるにつれ，介護が困難な状況となってきた．

④ 入所理由

両親の高齢化による自宅での介護困難．

§2　援助のプロセス

(1) 施設入所まで

児童相談所からの入所措置依頼によるN施設内措置会議の結果，入所が妥当と判断された．入所プログラムに基づき，入所準備のために医師，看護婦，児童指導員，担当児童福祉司が家庭訪問を実施した．M，家族（両親，次姉）が同席した．

① Mの状況

寝室中央の布団に仰臥位で寝ている．身体は大きく，小太りである．こぎれいにしており，清潔感はある．来訪者に対しとまどいはみられるが，笑顔である．話す人をじっとみている．左下肢に触れようとすると，顔をしかめ痛がる様子がみられるが，発語はない．

② 家族の話

自分で動けるときは両親だけで世話をすることができたが，寝たきりになってから体重が増加し，ADL（日常生活動作）も低下してきた．両親が高齢になるに従って，日常生活の介護が十分にできなくなった．兄姉も遠方で生活

し，世話ができないため，次姉が福祉事務所にはじめて相談した．

現在は寝たきりで，外出や他人との交流もない．施設入所により，日常生活の世話ばかりでなく，これまで体験できなかったことも体験させてあげたいと考えている．

③ 担当児童福祉司の意見

生活状況から，速やかな施設入所が必要である．自宅近隣にA施設があるが，現在は満床で入所は困難である．

④ 医師の診断（意見）

水頭症や左下肢については，精密検査に基づき治療の検討が必要である．その結果によっては，機能訓練を実施したい．

⑤ 児童指導員の意見

家庭生活の状況から，緊急に施設入所が必要と考える．施設入所により，ADL向上，集団生活における対人関係確立の援助，社会的経験の拡大をめざしたい．

(2) 施設での生活

① 療育計画の策定

入所直後に医師，看護婦，児童指導員，保育士によるケースカンファレンスがもたれ，援助目標，処遇方針，具体策などの療育計画を設定した．具体的には，① 医療面では，精密検査後の治療方針の決定，② 看護面では，コミュニケーションの確立，ADLの向上，③ 生活面では，対人関係確立の援助，各種行事の参加と社会的経験の増加，両親の定期的な面会と外泊の実施，であった．また，緊急の入所であるから，将来的には，Mにとってより望ましい施設への措置変更を検討することも話し合われた．この療育計画の概略は，医師，児童指導員が面談を通じて両親に伝え，了承を得た．

② 生活の様子

精密検査の結果，水頭症は特段治療の必要はないが，左下肢は左股関節の関

節可動域の拡大のために機能訓練が必要と診断された．PT（理学療法士）との協議で，病棟で看護婦が日課に組み入れ訓練を実施した．

日常生活では，素直で笑顔を絶やさず，職員とのかかわりが深まるにつれ「ハイ」「イヤ」などの発語や排泄時には下腹部を押さえるなどのやりとり（サイン）も確立してきた．また，周囲の利用者にも関心を示し，じっとみつめたり，手を伸ばすなどの行動も現れた．行事のひとつである公園へのバスハイクでは，周囲を珍しそうに眺め，笑顔を浮かべていた．両親，次姉もMとの楽しい時を過ごした．

外泊は約10日間の期間で，年に2回実施された．外泊前の面談では，両親は積極的に受け入れ，次姉も可能な限りの協力を約束した．外泊の往復には，自宅内までの移送を行う寝台タクシーを利用した．また，外泊期間中は児童相談所に訪問介護員（ホームヘルパー）派遣や入浴サービスを依頼するとともに，児童指導員が家庭訪問を実施し，状況の把握を行った．

③　家族の状況

面会には両親が定期的に来所し，次姉も不定期ではあるが来所した．面会時には児童指導員が適宜面談を行った．家族は，Mの様子や生活状況などから，施設での生活に安心し満足している様子であった．また，面会時には他の利用者家族との交流もあった．両親は，Mの入所後しばらくは寂しさもあったが，少しずつ落ち着いてきた様子であった．

(3) 退所へ向けて

① 措置の継続についての検討

入所後半年ごとに行われる措置の継続についての検討会で，措置の継続について検討された．① 日常生活については，現状で問題はない，② 機能訓練については，十分ではない．機能訓練機能の充実しているA施設への措置変更が望ましい，③ 面会や外泊などの両親との関係維持については，両親の年齢を考慮すると自宅近隣の施設が望ましい，④ 以上の2側面から検討すると，A

施設への措置変更が望ましい．したがって，A施設への入所が決定すればN施設は措置解除を行う方向で調整することが適当である，と結論された．そして，家族の意向の確認とA施設への措置変更についての児童相談所との調整が，児童指導員を中心に行われることになった．

② 家族との面談

検討会後の家族との最初の面談では，「MもN施設に慣れ，楽しそうに生活を送っている．面会も苦にならなくなった」と施設が変わることについて否定的であった．2回目以降は，機能訓練の必要性についての医師からの説明や今後のMとの関係維持のためには距離の近さが重要になることなどの説明を行った．面談を重ねるなかで，家族がMのA施設での生活に不安をもっていることが考えられた．この不安を解消するためにも，家族にA施設を知ってもらうことが必要であると考え，見学を設定し同行した．見学後の面談では，「家の近くにあんな施設があったのですね」と好意的な印象を話した．そして，A施設の入所までN施設で生活できることを条件に，施設が変わることを了承した．

③ 関係機関との連絡調整

児童相談所には，検討会の結論とA施設への入所について調整を依頼した．担当児童福祉司が来所し，Mの現状や家族の意向の調査，A施設入所までの経過や措置解除の時期などについて調整を行った．その後も，家族との面談の状況やA施設の入所受入れの動向などについて，担当児童福祉司と連絡調整を続けた．約8ヵ月後，児童相談所からA施設入所が可能になったとの連絡をうけ，施設内措置会議を開催し，措置解除を正式に決定した．

措置解除意見書を児童相談所に提出した数日後に，MはA施設へ転出した．転出時には担当看護婦，児童指導員が同行し，A施設担当職員にこれまでの施設生活状況や家族状況などを伝達した．

【演習課題】
① 重症心身障害児施設は医療施設でもある．医療専門職を含む複数の専門職が配置されている．配置されている専門職種をあげ，それぞれの業務（役割）および連携を図るうえで必要な要因について考察しなさい．
② 重症心身障害児は自らのニーズを表明することが困難な人が多い．そのため，両親（家族）の意見を尊重して処遇を決定する場合がある．本人のニーズを的確に把握し，その実現を図るためには，どのような対応が適切と考えられるか．権利擁護の視点を含めて考察しなさい．
③ 施設の入退所にさいして行われる児童相談所との連絡調整において，必要な内容と留意点をあげ，その理由について考察しなさい．

15 身体障害者療護施設

§1 クライエントの紹介

T介，32歳，男性．10年前，大学卒業を目前に自動車事故により脊髄損傷をうけ，下半身は完全麻痺となり，両手の機能にも障害が残る．事故後は病院での治療とリハビリテーションセンターでの機能回復訓練などをうけた．できれば何かの職業に就きたいと願う反面，積極的に職業訓練に取り組む意欲がもてず，8年前に身体障害者療護施設に入所した．電動車椅子を使用し，施設内は自分で移動する．食事・排泄・更衣・整容は部分介助，入浴・ベッドと車椅子の間の移乗は全介助となっている．

T介の父は，T介が事故に遭う数ヵ月前に胃ガンのため手術をうけたが，4年後に亡くなった．現在，母（57歳）と弟（29歳）が市内の自宅に住んでいる．T介は思春期の頃より家族と衝突することが多かったが，父のガンがみつかって大変なときにT介が自分の不注意から事故を起こしたこともあり，今も母や弟との関係はよくない．

T介は映画が好きで，日中は借りてきたビデオをベッドのなかでみている．また，友人や自立生活センターからくる介助者と，月に2～3回程度，買い物や映画をみに外出する．

職員は，T介がまだ若いこと，両手が少し使えること，大学教育をうけていることなどから，自立への可能性が高いと考え，T介がいつまでも今のように施設のなかで単調な目標のない日々を過ごすのではなく，いずれは地域で自立生活をしてもらいたいと願っている．そしてT介自身も，将来は施設を出るのが夢だと話している．

しかし，T介の生活には受身的で消極的な面がみられる．たとえば，朝も職員が起こしにいかないといつまでも寝ている，食事や入浴の時間になって職員が呼びにいくと，「うん」とだけ答えて，職員に介助を任せきりにしている．

また，自分の持ち物がどこにしまってあるのか，今財布にどれだけのお金が入っているのかを把握していない．職員は日頃からT介に対して，「そのような態度で，自立生活などできるわけがない．自分で自分の生活をきちんと管理できるようでなければ」といい続けてきている．

§2　援助のプロセス

(1)　M男との出会いとそれに対する職員のフォロー

ある時，地域でひとり暮らしをする男性，M男がショートステイ入所した．たまたまT介とは食事のテーブルが同じだったため，食事をしながらM男の在宅生活の様子などが話題になることもあり，介助に入った職員も2人の会話を促すような働きかけを行った．T介は，M男が身体的にはかなりの介護を必要としながらも，生き生きとひとり暮らしを楽しんでいることを知り，在宅生活では，施設生活にはない自由が得られることに，大きく心を動かされたようであった．

(2)　T介の支援の方針についての第1回ケースカンファレンス

M男との出会いを通して，T介が地域での自立生活に興味を示し始めたことを感じた担当のSワーカーは，ケース会議のなかで今後のT介へのアプローチについて提案した．日常会話のなかでT介が自立生活を話題にしたときは，職員は関心を示し，積極的にT介の話に耳を傾けて，T介のモティベーションを高めるよう努めることで同意した．

(3)　友人を巻き込んでのT介の動機づけ

T介は，友人が訪ねてくると大抵は一緒に外出して夜遅く帰園し，友人はすぐ帰ってしまうため，これまでSワーカーは友人と話をする機会もほとんどなかった．しかし，Sワーカーは，友人がT介の自立生活実現に向けて何か役割を果たしてもらえるのではと思い，友人がT介を迎えにきた時に，T介や友人

とちょっとした雑談を交わすよう心がけ，時には在宅障害者のことに触れてみたりした．

(4) Ｔ介とＳワーカーとの共同による援助計画

新しい年度が始まり，引き続き担当となったＳワーカーはＴ介と面接し，新年度の援助計画について話し合った．そこでＳワーカーは，Ｔ介が自立生活への思いを強め，何かしなければと思うが，どうしてよいか分からないと感じていることを知った．Ｓワーカーが，自分たち職員はＴ介が自立生活に向けて取り組むことを応援したいと考えていることを伝えたところ，Ｔ介は「職員が僕の将来に関心をもってくれているとは思っていなかった」と話した．２人は，Ｔ介が自立生活を実現できるよう一緒に考えていくこと，Ｔ介ができることから自主的に取り組み，援助が必要な時は積極的に職員に要請し，職員はそれに応えて必要な情報や支援を提供していくことなどを確認しあった．

(5) 第２回ケース会議

Ｓワーカーは次のケース会議でＴ介との面接のことを報告し，職員の共通理解のもとに，Ｔ介へのより積極的な支援が必要であると訴えた．今後は職員のペースで介助するのではなく，極力Ｔ介の主体的な介助依頼を待って，それに基づいた介助を提供していくことなどを提案し，そのような援助方針を全職員で徹底することにした．また他の職員から，Ｔ介のように自立生活を希望しながら行動がともなわない利用者，自信がなくて迷っている利用者，具体的に何をすればよいかわからず困っている利用者が他にもいるとの指摘があった．さらに別の職員からは，Ｔ介が施設を出ても，今のようにブラブラした生活を続けるのであれば，何のために自立するのかあまり意味がないように思うという意見も出た．

⑹　当事者による講演会

　ケース会議に出席していたK主任は，会議のあと課長に対して，利用者や職員が地域での自立生活について学べる機会があればよいのではと提案した．課長は，毎年施設内で行われる講演会で取り上げることを思いつき，会議で提案してその実施が決定した．講演には障害者の自立生活センターでピア・カウンセリングなどをしているWさんを講師に招き，障害者の自立生活と自律について，自らの体験談などを交えての話を聞くことができた．

⑺　その後の継続的な支援

　T介の生活は，次第に変わり始めている．友人や自立生活センターの介助者との外出のさいに，自立生活に必要な情報を手に入れるために役所を訪ねたり，自立生活センターでの障害者の会合に出席したりするようになっている．

　施設内でも，紆余曲折を経ながら，T介は少しずつ自分の生活を自分で考えて組み立てるようになってきている．時には外出の予定を忘れてしまい，外出介助のアテンダントが迎えにいってもベッドで眠っているということもある．職員は，T介が外出の準備もしていないことに気づいていても，以前のようにそれを指摘して準備の手伝いを申し出るのではなく，あえて黙って見守っている．T介が，自分が忘れていたために介助者に迷惑をかけてバツの悪い思いをしたり失敗したりすることを，実際に経験してもらうよう心がけている．しかし，そのような失敗に遭遇してもT介を責めたりせず，その場でT介に事態をどう解決したらよいか自分で考えてもらい，T介の考えに沿った援助を行っている．最近T介は，SワーカーやK主任に対して，相談に乗ってほしいと自分から声をかけてきて，自分が今考えていることを語ったり，情報やアドバイスを求めたりするようになっている．本当に自分は自立生活ができるだろうか．住居・収入・介護者の確保など，クリアしなければならない課題がたくさんある．地域で生活を始めても，毎日をどうやって過ごそうか．急病などいざという時にどうしても家族のサポートが必要になることもあるが，今のような家族

との関係では，頼みにくいし，そもそも自立生活に賛成してくれるだろうか．Sワーカーを中心に，T介のこのような悩みや不安を一つひとつ受け止めながら，一緒に考えていこうという姿勢を示し，いつか実現できる時がくると励ましつづけている．

【演習課題】
① T介が，職業訓練に意欲をもてなかったり，施設内で消極的な生活を送っていた背景には，T介さんのどのような心理的要因があったか考えてみよう．
② T介が，自立生活をしたいといいつつも行動がともなわず，自分の生活を自分で管理できていなかったことに対して，「それではだめだ」と職員がいいつづけていたことは，T介さんにとってどういう意味があったか考えてみよう．
③ T介の気持ちを少しずつ前向きにさせていった要因は何だったか，職員のどのような働きかけや接し方が功を奏したのか，考えてみよう．
④ 今後T介が自立生活実現に向けて準備を進めるとしたら，職員としては具体的にどのような支援をすればよいか考えてみよう．
⑤ 家族の理解や協力を得ることが困難になると予想されるが，そのような場合，職員はT介や家族に対して，どのような働きかけをするのが望ましいか考えてみよう．

16 知的障害児（者）施設

§1　クライエントの紹介
　　本人A太郎　（7歳）小学校1年生
　　姉　B子　　（10歳）小学校4年生
　　父親H夫　　（35歳）会社員
　　母親I子　　（32歳）主婦，パート勤務

(1) 事例の概要

　A太郎は，両親と3歳年上の姉との4人家族である．保健所の3歳児健診の時ことばが少なく多動であることを指摘され，市立保育所に設けられていることばの相談室を紹介された．ことばの相談室では，週1回先生と一緒に遊んだり，母子で遊んだりしながら様子をみてもらった．その間に児童相談所を紹介された．児童相談所では，これまでの経過や生活状況を聴取され，心理検査をうけた．その結果，知的障害児施設S園と難聴幼児通園施設T園の外来相談を紹介されるとともに集団に入ることを勧められた．

　そこで保育所に入所し，ことばの相談室，S園，T園の外来教室をかけもちする忙しい日程をこなした．一方，200km以上離れた小児専門病院で診察してもらったりもした．I子は，A太郎の発達の障害をなんとかとりもどせないかと必死の思いであった．

　この頃は，I子にとってもっとも苦しい時期であった．A太郎も保育所では，集団に適応できず，すみでひとり遊びばかりしている状態であった．ストレスがたまっているためか家庭では，行動を制止することばでカッとなり，植木鉢をなげることもあった．こうしたA太郎の状態に対し，夫の両親からの理解が得られず，いっそこの子と一緒に死のうかとさえ思うこともあった．結局，同居していた夫の両親とは別居することになった．

4歳になる直前S園に空きができ入園することができた．この入園がA太郎にとっても，両親にとっても大きな転機であった．入園当初は，S園でもひとりでは遊べるが，集団に入る自信がなく，何をするにも様子をうかがう傾向がみられた．楽しいことをたっぷりして自信をつけさせるという園の方針で指導したところ，6，7月頃から自転車に乗れるようになったことで自信をつけ，集団参加できることが増えてきた．そして今度は，最後までやりきる生活の見通しと達成感を感じられることを大切にした援助が行われた．そのなかで，ことばでのやりとりができなかった友達に手を出したりしてかかわりをもとうとするようになり，それがことばでのやりとりに発展していった．その頃から家庭でも楽しみをことばで表現できるようになった．さらにS園では，集団のリーダー的存在になり，家庭ではごはんをつけたり，お風呂のスイッチを入れてくれたりと，お手伝いができるようになっていった．

A太郎のこうした変化は，両親にとって大きな喜びだった．しかも母のI子にとっては，同じような経験をされた先輩のお母さんと出会えたことが，一番の励みになった．保育所では，わが子だけがという孤立感を感じていたが，S園の母親と一緒に食事にいくなどするなかでその緊張が氷解する思いであった．また子どもの悩みを共感しながら話し合える仲間ができたこと，前向きにがんばっている先輩の母親の姿に大いに励まされた．そして，S園の職員からの助言や障害や発達についての学習をするなかで，子どもへのかかわりや将来にも見通しがもてるようになってきた．

2年間のS園への通園で大きな変化のあったA太郎であったが，就学にあたって障害児学級に入級するか普通学級にするかで大いに悩んだ．S園の職員や就学指導委員会では，障害児学級の方が安心して学習できるのではという助言であった．しかし同じ学校に通う姉が，弟の障害児学級への入級に反対の意思を表明した．I子は，かなり変わってきたA太郎であるから，もしかしたら普通学級でもやっていけるのではないかという期待もあり，悩んだ末に普通学級を選択することにした．父親のH夫は，障害児学級の方がよいのではといいつ

つもI子の意見を尊重してくれた.

　小学校に入学して2ヵ月あまりがすぎた．最初の1週間は元気に通っていたものの，ひらがなの学習が始まった頃から，集中力を欠くようになり，学校へいくのもしぶるようになった．家庭でも宿題をするよう促すと泣いて拒否するようになった．母は姉に弟の状況を話し，障害児学級への移籍について相談したがその時は拒否的であった．しかし，その後姉は自分で障害児学級にいき，先生に「A太郎がいくからよろしくね」と弟の入級を頼んだという報告が先生からあった．そこでI子は，担任の先生，障害児学級の先生と相談し，A太郎を障害児学級に移籍することにした．障害児学級では，A太郎のペースに合わせて指導してもらえるので楽しく通っている．

§2　援助のプロセス

(1) 知的障害児通園施設に入園するまでの援助過程

　A太郎はことばが出るのが遅く，家族も心配していたと思われるが，3歳児健診以降に専門的療育を開始することになった．子どもの脳の成熟，発達は非常に急速なものであり，その発達途上で生じる障害は，早期に発見され，早期に適切な療育や援助がなされるほど，その発達が促進され，予後も良好である．したがってできるだけ早く適切な情報提供を行う必要がある．

　A太郎の場合，もしかしたら1歳半健診でもことばの障害が見いだされたと思われるが，同居していた夫の祖父母の発達の遅れに対する理解の不十分さが，I子が積極的に子どもの遅れを相談することをむずかしくしていたのかもしれない．子どもの支援を行う場合，母親だけでなくその家族の状況も把握して支援する視点も大切である．

　子どもの発達の遅れが気になっていても，健康な子どもの出産と健全な成長・発達を望む親にとって，子どもの障害が告知されることは，非常に大きなショックである．もしも，子どもの障害の事実のみが安易に告知されるのみであった場合，その家族は絶望的な感情に陥り，援助者との信頼関係も一度に失

われることも少なくない．

そこで保健所の健診で何らかの心配がある子どもとその保護者は，どのような支援が必要かを見極めるために，保健婦，保育士，心理相談員などによって運営されている親子教室を紹介される．親子教室では，親子遊びや保護者のグループワーク，個別相談などを継続して行い，親子の関係や子どもの様子を十分観察する．そして必要に応じて発達検査なども実施して総合的に状況を把握した後に，スタッフミーティングを行い，親子のニーズにもっともふさわしいと思われる保育・療育・相談機関に関する情報提供を行う．

こうした過程を踏んで慎重に障害が告知されたとしても，障害も含めたあるがままの子どもを受容し前向きに子どもと向き合えるようになるためには，価値観を転換していくための大きなエネルギーと時間が必要である．

そのプロセスは自らが身体の障害を負ったときにたどるプロセスと共通しており，図16-1のようなものである．

第1の段階はショック期である．子どもの障害を告知された親は，大きなショックをうけ，その帰り道では，茫然自失して何も覚えていないという人が少なくない．第2の回復への期待期では，障害の告知は何かのまちがいであり，もしかしたら治してもらえるのではないかとの期待から，有名な病院をいくつもまわったという人がほとんどである．第3の混乱と苦悩の時期では，いくつかの病院で同様の診断を受け，「なぜわが子だけが」となげき悲しんだり，医

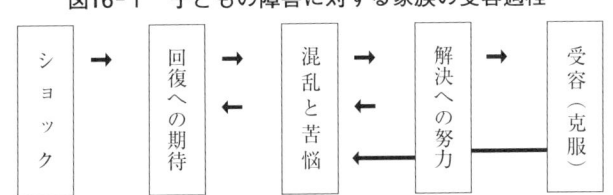

図16-1　子どもの障害に対する家族の受容過程

ショック → 回復への期待 → 混乱と苦悩 → 解決への努力 → 受容（克服）

出所）福祉士養成講座編集委員会編『老人・障害者の心理』中央法規出版，1997年，p. 125　図3-4および上田敏『リハビリテーション』講談社，1996年，p. 185 障害受容への諸段階の図を参考に高橋が作成した．

者や支援者をうらんで攻撃的になったり，失望してひきこもったり，自殺を考えたという人も少なくない．第4の解決への努力期では，気持ちを建て直し，子どものためにできる最大限のことをしようと必死に努力する時期である．第5の受容（克服）期では，子どものありのままの状況を受け入れることができるだけでなく，その子どもを通して学んだ価値観や人との出会いの貴重さに気づく時期である．わが子のお陰で，貴重な体験ができたと感謝している人も少なくない．また，こうしたプロセスは漸次的に次の段階へ移行するというものではなく，行きつ戻りつを繰り返しながら徐々に受容期に向かうものであることを理解しておくことも大切である．しかも，いったん受容できていても何らかの困難に出会った時，また前の段階に戻ってまた立ち直るという揺れ戻しもあるのである．

こうしたプロセスをふまえたうえで，子どもを療育機関につなげるためには次のような配慮ある支援が必要である．① 子どもの具体的な行動を通して両親との共通認識をもつ，② 子どもをめぐる両親や家族の悩みについてじっくりと話を聞き，家族全体の子どもに対する見方を把握する，③ その悩みの解決に向けて，できる限りの支援をしていくことを伝える．④ 適切な保育・療育によって子どもの発達の可能性は十分にあることを伝え，そのための保育・療育・相談機関に対する情報提供を行う．

(2) 知的障害児通園施設入園後の援助過程
① A太郎への援助過程

A太郎が，S園で自信をつけ集団にも入れるようになったのは，A太郎の発達的特徴をしっかりと押さえた段階的支援が行われたからであろうと思われる．

このように知的障害児通園施設には，それぞれの子どもの発達段階に見合った活動や集団が柔軟に保障され，保育所に比べてゆったりと子どもの発達を見守ってもらえるという特長がある．

A太郎の場合は，保育所から施設へという過程をたどったが，逆に障害児の通園施設で一定の力や自信をつけ，通園施設からの支援をうけつつ，保育所に通園する場合や保育所に籍をおきながら，通園施設の相談やグループワークに参加するという形態など，子どもの状況に応じた多様で柔軟な連携が行われる場合も多い．ワーカーは，必要に応じて支援のネットワークをコーディネートすることが大切である．

② 家族への援助過程

I子は，保育所ではA太郎に関する悩みをうち明けられず，孤立感を感じていたが，S園では同じ悩みや体験をもった母に出会うことができ，孤立感や不安感が癒されていった．しかも学習会に参加するなかで，A太郎への接し方や将来に対する展望が開けた．H夫も学習会や親同士の交流のなかで同様に変わっていった．

このように同じ悩みをもつ人同士の集団をセルフヘルプ・グループという．セルフヘルプ・グループには，構成員同士が悩みや苦しみを分かち合い，共に励まし合い，情報を交換し，悩みの解決に展望を見いだすことを助けるエンパワメントの効果がある．ワーカーは，このようなグループが主体的に活動できるよう側面から支援していく姿勢が大切である．

また，I子はA太郎の入学にさいし，普通学級を選択し，その後，障害児学級に移籍することを希望した．結果としてワーカーの助言のとおりになったが，I子自身が悩んで選択した意義は大きい．ワーカーは専門的見解を機械的に押しつけるのではなく，家族や本人の選択権を十分に保障し，問題が生じた場合に最大限の支援を行っていく体制を整えておく．その方が家族も納得でき，長期的にみれば子どものためにもなる場合がある．

【演習課題】
① 事例の家族関係，それを支援する社会資源との関係をファミリーマップや，エコマップを使って表現してみよう．
② I子がA太郎の障害を受容していく過程は，どのような段階を踏んでいるか，

事例の具体的な事実をもとに考察してみよう．
③　障害児とその家族支援のための社会資源にはどのようなものがあるのか，そしてその連携はどうあるべきかについて考察してみよう．

参考文献
- 上田　敏『リハビリテーション』講談社，1996年
- 下田正編『実践児童福祉論』中央法規出版，1999年
- 福祉士養成講座編集委員会編『老人・障害者の心理』中央法規出版，1997年

17　特別養護老人ホーム

§1　クライエントの紹介

　T子（76歳）は，アルツハイマー型痴呆により日常生活に困難な問題が生じている．約7週間前，施設内にて転倒し大腿骨頸部を骨折し入院．退院後は原則的に車椅子を使用しているが，今後のT子に対する施設サービスの提供に大きな課題が生じている．

(1) 現在の状況

　転倒による大腿骨頸部骨折による約1ヵ月間の入院治療を終え，T子が退院しホームに戻ってから3週間が経過した．車椅子に乗り退院してきた時の彼女の虚ろな表情は今もほとんど変化はみられていない．協力病院の医師からの指導もあり，転倒事故の再発防止が当面の課題となっている．その一方で，入院前のように痴呆からのさまざまな動き（T子の場合とくに徘徊が顕著である）をみせながらも人当たりのよい優しい笑顔で話をしたり，クラブ活動で楽しく民謡を歌ったりして生活していた状態に一日も早く戻ってほしいと誰もが願っているのであった．しかし，不自由な足で歩き出せばまた転倒する．転倒し骨折すればもう立って歩くことはできなくなる．寝たきりとなってしまうのではといった不安から現状維持（移動は原則車椅子使用）の状況が続いていた．そして，この不安は退院から2週間目に現実のものとなったのである．

　その日の深夜2時頃，夜勤の介護職員がT子の居室の方から甲高い金属音に続いてドンという鈍い音がしたのを聞きつけ駆けつけた．部屋のなかを覗いたところベッドから少し離れたところで後頭部から出血し仰向けで倒れているT子を発見した．大急ぎで仮眠中の同僚を起こし応急処置を施し，当直者とともに救急処置の手配をしたのであった．さいわい骨折等はなく後頭部の傷も浅い裂傷であったため3針程度の縫合で済み大事には至らなかった．しかし，この

出来事はスタッフに対しより慎重な現状維持策を求める結果となったのである．つまり場合によってはT子の歩こうとする動きに対して物理的に制限することが行われるようになったのである．T子のため，その安全を図ることとはいえ，このままでは残存機能の維持すら困難となってしまうのではないか．ひいてはその人間としての尊厳さえも奪い取ってしまうのではないだろうか．この課題に応えるため，T子に対する適切な援助とは一体どのようなものであるべきかについて生活相談員を中心に介護職員，看護職員，介護支援専門員等のスタッフでチームを作り取組みが開始された．

　生活相談員の横で後頭部にガーゼを当てうつろな表情で車椅子から歩き出したそうに身を乗り出しているT子のその顔に再び笑みを取り戻すことはできるのであろうか．また，そのためにはどのような援助が必要とされたのかみていきたい．

(2)　T子の生活歴とホーム入所の経緯

　T子は，夫の死後K市にて雑貨商を営みながら，ひとり息子Y雄との家族2人の生活を支えてきた．近隣の商店街からは少し離れた住宅街の一角に構えたその店舗は，地味ではあったがT子の人柄のよさもあって，親子2人の生活を支えていくには困らない程度の収入は得られていたようである．

　親子の仲もよく，働き者として近所の評判も得ていたT子であったが，Y雄がS子との結婚と同時に独立し，さらに勤務の都合で他県に赴任した1987年からは独居での生活となっていた．それ以降しばらくの間は，年に数回ではあるが訪ねてくるY雄とその家族の来訪を楽しみに過ごす，T子なりに落ち着いた日々を送っていたようである．しかもその3年後に初孫のR子が生まれてからは，その来訪の楽しみは倍加していたようでもあった．

　おおむねこのような状況のなかで，独居とはいえ家業を営みそれなりに平穏な生活を送っていると思われていたT子に不可解な言動が1995年の秋頃からみられ始めたのであった．

思い当たる一番最初のそれはその年の10月中頃の出来事であった．T子はその日，いつもと同じように近くの顧客からの注文を届けに夕方店を出たのである．何事もなければ30分程度で戻ってこられる距離であったためか，店の戸締まりもせず商品も店頭に出したままの状態であった．しかし，いつもの閉店時間を大幅に過ぎても一向にその気配はなく，また，注文の品が届かないことを不審に感じた近所の人たちが心配になり店の前にあつまり出していた．そうこうするうちにT子が歩き疲れたような足取りで，知人Aに伴われて戻ってきたのである．その人の話によると，駅前の広場で彼女をみかけ声をかけたところ返事が要領を得ず表情もいつもと違っていたのでとりあえず一緒に戻った，とのことであった．その後，これと同様の出来事が何度かみられたため，知人BとY雄との間でT子のこれからの生活について相談しあっていた矢先に決定的な出来事が発生したのである．

　その年が明け，正月に戻っていたY雄家族が赴任先に帰ってから数日後のことであった．T子が仏壇に供えた灯明が倒れたことが原因での失火騒ぎが発生したのである．幸いにして訪ねてきた知人Bが発見し大事には至らずボヤで済んだが，まかり間違えば大事に至っていたところであった．なお，そのときT子は居間でうたた寝をしていたとのことであった．この時の失火によってこれ以上T子がひとりでの生活を続けることは困難であると判断したY雄は自分達の元に引き取り同居することにした．息子家族との同居によって安定するかと思えたT子であったがかえってその状態は急速に悪化していった．愛する息子とその家族に囲まれ，これまでの苦労が報われるはずであったのがすでにその時進行していたと思われる疾病（後にアルツハイマー型痴呆と診断される）によるさまざまな症状（極度の物忘れ・妄想・徘徊等）がそれを阻んだのであった．意に反して，これまでの住み慣れた環境からの急激な変化はそのことに大きく影響を与えることに繋がってしまったとも考えられる．しかもこの時期は，孫のR子が小学校の1年生に入学し，また第2子の出産をその秋に控えたY雄夫婦にとってT子の介護は緊急に解決しなければならない問題となってい

ったのである．

このような経過を辿った後，T子は1996年9月にK市内の特別養護老人ホームに措置入所したのである．

§2　援助のプロセス

(1) 入所後の生活の状況

　Y雄と知人A・Bの3人に伴われ，明るいワンピース姿のT子がホームの入所利用者となってから丸3年が経過した．入所にさいしての事前面接では，極度の物忘れと徘徊が家族の一番困っている事柄として述べられていた．来所時のT子は，こちらからの問いかけに対して要領は得ないながらも愛想よく，そして，丁寧にスタッフや他の利用者に挨拶していた．2階にある4人部屋の同室者からは，その時の丁寧な挨拶振りが話題にもなっていた．入所から1年余りの間は特別な問題もなく，時折訪ねてくる家族や知人との関係も良好に保たれていた．しかし，気がかりなこととしてそれまでのしっかりとしていた歩行が，1997年の冬にインフルエンザで2週間程寝込んでからはめっきり弱くなってしまったことである．さらに歩調を合わすように排泄の問題が浮上してきた．それまでは定時のトイレ誘導とことばかけとでおむつを使用することなく過ごせていたが，失禁で身体や衣類を汚すことが度々となり常時おむつを使用することになった．そして居室もトイレに近い現在の2人部屋に移動したのである．廊下の手すりを頼りに重い足を引きずるようにして徘徊するT子の後ろ姿が妙に小さくみえだしたのはこの頃からでもあった．

　その後，今回の骨折で入院するまでの約1年余りの間，大事に至らないまでも転倒が再三みられたのである．スタッフのなかからは安全のために抑制したほうがよいとの声も出たが，可能な限り個人を尊重しその動きを見守っていこうとの方針のなかでの転倒事故であったのである．

(2) 施設サービス計画の見直しと実践

「笑顔を再び」を目標に生活相談員を中心にチームはその活動を開始した．まず最初に関係スタッフによるケアカンファレンスが実施された．そこではT子の現時点での状態についてあらゆる角度からの情報交換がなされた．それによって，これまで各自のもっていた断片的な情報が整理統合され共通の理解を得ることができたのである．そこからT子がいま何を必要としているのか，彼女が求めている真のニーズは何かについて協議が進められた．アセスメントの結果，「安全に歩くことができる」ことの支援に向けたプランがまとめられ実践された．そしてT子の動きをいつもスタッフが見守れるような体制を整えるとともに，安全な生活環境の整備に着手したのである．

【演習課題】
① 「T子の歩こうとする動きに対して物理的に制限すること」（§1(1)）とは，具体的にどのようなことをいうのか考えてみよう．
② 「知人BとY雄との間でT子のこれからの生活について相談」（§1(2)）したが，あなたがこの段階での相談に加わっていたとすれば，どのような意見，助言をしたでしょうか．考えてみて下さい．
③ 「関係スタッフによるケアカンファレンス」（§2(2)）に参加したあなたはどのような意見を発表しますか．グループで話し合ってみて下さい．

参考文献
- 小澤　勲『痴呆老人から見た世界』岩崎学術出版社，1998年
- 石倉康次編著『形成期の痴呆老人ケア』北大路書房，1999年
- 高齢政策センター編，小田兼三ほか訳『高齢者施設ケアの実践綱領』学苑社，1999年
- 三好春樹『じいさんばあさんの愛しかた』法研，1998年

18　福祉事務所

§1　クライエントの紹介

(1) 世帯の概要

　　　　本人A子（36歳）主婦，パート店員
　　　　長女B子（13歳）C中学校2年生，不登校状態
　　　　長男D夫（9歳）E小学校4年生
　　　　前夫F夫（39歳）行方不明

(2) 相談内容

本事例は母子相談員を通じて，生活保護の相談申請に至ったものである．
母子3人世帯で，本人A子は2ヵ月前に離婚した．その理由は，前夫F夫のサラ金からの多額の借金と浮気のためである．そしてF夫は現在，それまで勤めていた会社も辞めて行方不明である．残された母子3人は収入も少なく，生活に困窮するとして保護の申請に至ったものである．

(3) 家族歴

A子は短大卒業後，G市内の銀行に勤めていた時に3歳上のF夫と知り合い恋愛結婚をした．四国の生まれで，几帳面でやや神経質な性格である．1年前からスーパーでパート就労をしている．他方，F夫は九州の生まれで大学卒業後，G市内の食品会社に勤めていた．性格は社交的で気前がよく，異性や金銭関係にはルーズな面がある．結婚当初からこれまで，何回かの浮気があった．さらにギャンブルなどの遊興費のために500万円ほどのサラ金からの借金がある．それらの理由で今回，協議離婚となったものである．

2人の間には長女B子，長男D夫がいる．B子は母親思いの真面目でおとなしい性格で，小さい頃からあまり手のかからない子であった．学校の成績も優

秀であった．しかし親の離婚前後から不登校になり，部屋に閉じこもったままの生活が続いている．D夫は今のところ元気にE小学校に通学しているが，チック症状がある．

(4) 親族関係

A子，F夫ともに地方の出身であり，近くに親族はいない．なお親族には経済面で今までさんざん迷惑をかけてきており，双方の親族とももはや援助の余力はない．

(5) 住宅環境

G市郊外の閑静な住宅地域にある3DKの家賃6万円の賃貸マンションに居住している．

(6) 家族の収入

A子のスーパーのパート収入月8万円のみであり，2ヵ月後からは，これに児童扶養手当47,370円（月額，1999年現在）が入ることになる．

§2 援助のプロセス

(1) 初期の取組み

福祉事務所の生活保護担当Hケースワーカーは，査察指導員の助言指導も得て，実態調査のためにA子宅を訪問した．A子は離婚，多額の借金，生活困窮，B子の不登校の4重苦にうちひしがれ，まったく途方に暮れ，精神的にすっかり混乱していた．訴えはとどまることなく，時に涙まじりになった．Hワーカーは，A子の訴えをじっくり聴き，その訴えが終わると，困っていることを整理してA子に返した．そしてそれらの問題について順序をつけて，一緒に解決していくことを約束した．

A子が今，一番困っていることはサラ金からの借金返済のすさまじい催促で

あった．そこでこのことについては，G市役所の市民向け法律相談に同行し，その対応を考えていくことを約束した．また，B子の不登校については学校，児童相談所とも連絡を取り合って共に考えていくことにした．

サラ金について法律相談の結果，弁護士によればA子が連帯保証人になっているわけでなく，また離婚もしているならば，何らA子に返済責任はなく，サラ金業者には，その旨をきちんと伝えるようにとのことであった．帰路，A子はほっとしたようであった．しつこい催促には恐れることなく，毅然と対応するように助言しておく．

次にB子の不登校について，児童相談所に同行したところI児童福祉司から，いたずらに登校刺激をすることなく，当面じっくり見守っていくこと，そのうちに母子通所指導を検討していきたいことなどが伝えられた．

こうして数ヵ月が過ぎた．サラ金業者からの借金返済の督促は，だんだん少なくなってきた．B子の不登校は依然として続いているが，登校刺激をしなくなった分だけ長女も落ちついてきて閉じこもり状態から，A子からの何気ない話かけにも応じてくれることになった．ただB子の将来が心配でならないという．B子は児童相談所にはいこうとしないので，A子だけI児童福祉司にすすめられて母親教室にいくことになったとのことであった．

(2) 中期の取組み

保護開始から1年が過ぎた．生活状態はそれなりに安定してきた．またサラ金業者からの督促もなくなってきた．A子はパート就労を続けている．一方，B子の不登校は続いている．しかしA子によれば，ある程度の距離をもって見守ることができるようになった．これも不登校児の母親教室のお蔭である．ただ高校進学の時期が近づいており，それが心配である．B子自身は進学を希望しているようだが，学力的にはもはや公立は無理だし……という．

C中学校を訪問し，J担任教師に会う．J先生によれば昨年，近県の不登校生対象のK高校（私立全寮制）に進学した例があり，B子が望むならば，そこを

薦めたいと思っているという．K高校進学について，Hワーカーとしても協力していきたいと伝える．翌春，B子はK高校に進学した．入学金は親族に泣きついて，何とか都合したという．初めてみる明るく希望に満ちたA子の表情であった．ところが，それも5ヵ月足らずであった．夏休みに帰省後，B子は学校を辞めるといって戻ろうとしないという．そして結局，B子は学校を退学することになった．

これからの生活の見通しについて家庭訪問し，A子およびB子にも面談し話し合う．A子はパート就労のままでなく，安定した収入を得るために何か手に職をつけるか，資格を取りたいという．一方，B子はアルバイトでもしてみようかと思っているという．そうこうするうちに，B子はファースト・フード店でアルバイトを始めることになった．またA子にはHワーカーから，公共職業安定所を通じて，職業能力開発促進法によるL県立女子高等技術専門学院への入学を薦める．このことにA子は強い関心を示す．

(3) 終期の取組み

A子は3倍の難関を突破して，L学院の介護サービス科に入学した．そして，訓練手当を受けながら6ヵ月間の修学をすることになった．他方，B子は実社会で働いてみて，高卒資格の必要性を痛感し，あらためて定時制高校に入学し，アルバイトをしながら通学することになった．またD夫は家庭の安定とともにチック症状も落ち着き，C中学校に入学することになった．やっと一家に明るい光が差してきた．

6ヵ月後，A子はL学院から就労先を斡旋され，M特別養護老人ホームに寮母として採用されることになった．笑顔で福祉事務所にやってきて，Hワーカーに深く感謝の意を表し，生活保護辞退の手続をした．そして，B子も看護婦になりたいという希望をもちはじめたようですと嬉しそうに話して帰った．

(4) 考　察

　本事例のように多くの問題を抱えている場合，介入するケースワーカーはクライエントとともに，それらの問題を整理し，解決の優先順位を決めて対処していくことが大切となる．本事例の場合には，最低生活の保障はもとより，サラ金問題が当面の解決すべき課題であり，次には長女の不登校問題であった．いずれの問題も担当ワーカーがクライエントとともに関係機関に同行することにより，信頼関係を深めるとともに，クライエントが自己決定し，主体的に問題解決できるように側面的に援助を行ってきた．

　不登校問題については，家族関係のダイナミックスに十分，配慮しながら，長いスパンで観察し対応していくことが大切となる．本事例の場合にもケースワーカーは，自分探しをしている長女の成長を暖かい目で見守りながら，時期に応じた適切な対応をしている．

　さらに人間は大きな問題に直面し，挫折した場合，ショック→混乱→怒り→絶望→長期の抑うつ→現実の受け入れ→希望，といった心理過程を経ていくものである．本事例の場合もそのような経過を辿っている．ケースワーカーは，こうした心理過程を十分，理解しながら，その段階に応じた適切な援助をしていくことが大切である．

【演習課題】
① 多くの問題を抱える世帯において，ケースワーカーはどのように問題をクライエントから引き出し，それらを整理していくかについて，本事例に基づいて考えてみよう．
② 本事例において，アドボカシーやエンパワメントの機能がどこで図られているかについて考えてみよう．
③ 不登校の回復過程，およびその各段階におけるワーカーのかかわり方について本事例に基づいて考えてみよう．
④ ケースワーカーの効果的な社会資源の活用方法について，本事例に基づいて考えてみよう．
⑤ 本事例の初回訪問での面接について，実際にロールプレイを相互にしてみよう．

19 児童相談所

§1 クライエントの紹介

本人A子（3歳）
母S美　（23歳）

(1) 事例の概要

A子はB保育所に通所している．保育所では朝からお腹を空かしていたり，時おり打ち身のようなアザが見受けられる．また笑顔が少なく，一度いいだすとひかないところが見受けられ，保育士は日頃から家での様子を気にかけていた．母であるS美は夫と昨年離婚し，周囲の援助もないなかで仕事をしながらひとりでA子を育てている．児童相談所には，A子が夜になると泣いていると近隣から匿名の通報があった．

§2 援助のプロセス

晩秋のある日，幼い子どもが夜中になると泣いていると，近隣の者と名乗る人から通報があった．通報者によれば，子どもは2～3歳くらいで母親と2人暮らしではないかとのことであり，毎日ではないが，母親の怒鳴りつける声や子どもの泣き声が聞こえてくるといった内容であった．ケースワーカーは子どもの場所を聞いたうえで，通報者には連絡の労をねぎらった．

ケースワーカーが情報を収集したところ，B保育所に通うA子であることがわかった．保健婦によれば，母が健診で順番を待てないA子を大きな声で叱りつけていたことから印象深く，A子親子のことは気にかけているとのことであった．そこでケースワーカーは母の相談意思を確認できていない現状で，なおかつA子の現況を確認しなければならないことから，保健婦から引き継いで家庭訪問する旨を母に連絡し，すぐさまA子親子を訪ねた．

母のＳ美はケースワーカーの訪問を待っていたかのように話し始めた．ケースワーカーは，母に日頃の子育てで困っていることはないかと尋ねてみた．母は，「Ａ子は何でも自分でしたがり，危ないことを繰り返す．いっても聞かないため，眼が離せない．何度か注意していると，仕事で疲れていることもあり，ついイライラしてＡ子を叩いてしまったり，外へ出してしまった．でも，気がつくと自分のしていることに嫌悪感を覚えて落ち込み，Ａ子に謝っている」と泣きながら話した．続けて「近所には私の両親がいるけれど，私が反対を押し切ってＡ子の父親と結婚したことから，話しづらい状況にあるんです」とのことであった．

　面接の間，Ａ子は母のそばを離れず，時おりケースワーカーに話しかけながら遊んでいた．母は時にうるさがるような素振りをみせるが払いのけることはせず，Ａ子の好きにさせていた．

　母はＡ子のためにがんばろうと思っているが，気持ちにゆとりがなく，ついいき過ぎた叱り方をしていることを自覚しており，そして「このままではＡ子を育てていけない」と困り果てていることがわかった．そこでケースワーカーは，Ａ子ができることは自分でさせて誉める機会を作るなど，叱る機会を減らすために今までと違うやり方を取り入れるように促し，そして母と定期的にその経過を話し合うことにした．また，母のＳ美は近所に住む自分の母に時おり電話をするとのことであったので，思い切って自分の気持ちを話し協力を申し出てはどうかと提案した．

　後日，ケースワーカーはＢ保育所と話し合いをもった．保育所ではＡ子は入園当初より朝からお腹を空かして座り込んだり，時おり打ち身のようなアザが見受けられたため個別に対応してきた．また集団に入っても笑顔が少なく，一度いいだすとひかないことから他の子どもとトラブルになるなど，保育士は日頃からＡ子親子の家での様子を気にかけていたとのことであった．また，母のＳ美からはＡ子をかわいがっている様子がうかがえるものの，他の母親や保育士とあいさつをすることなく，ただＡ子の送迎をくりかえすだけであった．そ

のため保育士はA子のことは気がかりだったが，母のS美と話をするきっかけがつかめずにいるとのことであった．ケースワーカーからは，母がA子の養育で悩んでいることを伝えた．そして，保育所では母のがんばりを認めながら，今日一日のA子の様子を母に直接伝えることから始める確認をした．またA子親子を援助するために，今後も連絡を取り合い，状況に応じて対応していくことも確認した．

　この話し合いの後，ケースワーカーは母に「保育士さんはA子ちゃんと毎日接していて，A子ちゃんのことをよく知ってくれている身近な人だから，話をすることで気づくことがあると思う」と助言した．

　面接において，母から「私の母に今の自分の状況と気持ちを話したところ，ケースワーカーと話がしたいといっている」との申し出があった．そこでケースワーカーはA子の祖母に来所してもらい，一緒に話し合うことにした．話をするうちに，祖母はA子親子の力になりたいと思うが，これまでの経過から今すぐに2人を招き入れることはできないとのことであった．そこで，今後のことはともかくとしてA子親子の現状を，祖母から祖父に話してもらうことにした．

　祖母は祖父に話したところ，祖母の好きにすればいいとの返事であり，少し時間をかけて話をすれば祖父もわかってくれるという印象をもったとのことであった．母はそれならば自分も話をしたいと祖母に頼んだが，祖母からは「今は無理に話をしなくても，これから先，話をする機会はあると思う」と返答があった．ケースワーカーは，祖母がA子親子の力になってくれる確認ができたことを賞賛した．そのうえで祖父と会う機会は祖母に任せてみてはどうかと母に提案した．母もそれに同意した．

　春になる頃，保育所の連絡によれば，最初はうまく話せなかった母も，保育士がA子の様子を話すことで，次第に母の方からも保育士に話しかけるようになり，それとともに他の母親ともあいさつを交わすようになっていった．またA子もお腹を空かしてくることはなく，保育中も笑顔が多くなり，保育士が母

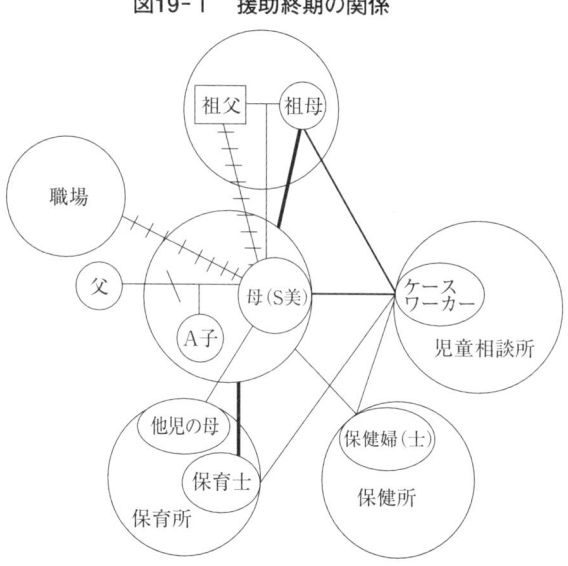

図19-1　援助終期の関係

にそのことを伝えると，母もうれしそうであったとのことだった．

　また面接場面でも，必要な時には祖母が助けてくれることで，母のS美からは安心して子育てをしている様子がうかがえた．母は「A子はよく笑うようになりました．時には叱りつけてしまうこともありますが，以前に比べれば待てるようになりました．私も母に困った時には相談したり，助けを求めるようにしています」とA子をそばにおいて話した．A子は母にもたれていつの間にか寝入っていた．なお祖父との話し合いはまだだが，祖母によれば祖父は「A子はどうしている」と聞いてくるなど気にかけてくれている様子であり，母としてはあせらずに祖母が機会を作ってくれるのを待っているとのことであった．ケースワーカーは「A子ちゃん，おかあさんともに元気そうで，思いきっておばあちゃんに話をしてよかったですね．仕事と子育てを両立させていくなかでは困ったことも出てくると思います．助けが必要なところはおばあちゃんの力も借りながら，これからも自分なりにできるところから始めてください．また困ったことがあれば連絡してください」とA子親子に告げて，面接を終えた．

【演習課題】
① 家庭での子どもの状況はどのような点に注意して把握する必要があるか考えてみよう．
② 不適切な養育を続ける親の心理や社会的な状態を話し合ってみよう．
③ 児童虐待が疑われる親子との援助関係のもち方について考えてみよう．
④ 家族を援助するための公私のネットワークについて考えてみよう．

20　社会福祉協議会

§1　事例の紹介

(1) A町の概要

A町はN県の東部に位置し，S市まで65km，I市まで20kmのところに位置している．町の東側にはK山地が迫り西にO山脈を眺望し，四囲を流れるK川を隔てて，東西南北4町と隣接している．総面積約44km^{2}で，I広域圏域ではもっとも面積が小さく2,000ha余りの平地は水田として利用されている．

A町の平成12年の総人口は8,837人で，40～64歳人口は3,084人，65歳以上の人口は2,286人で高齢化率25.9％である．前期高齢者（65～74歳）は1,268人で14.3％，後期高齢者（75歳以上）は1,018人で11.5％である．

これを前年と比較すると，平成11年の人口は8,905人，40～64歳人口は3,081人となり高齢化率は22.9％で3.0％増となるため，元気な高齢者が介護が必要になった人びとを支援する体制が早急に必要となっている．また，前期高齢者は1,243人（14.0％），後期高齢者は9.0％で対前年との差は2.5％増加し，介護が必要となる後期高齢者の増加は今後A町でも大きな課題である．

就業構造を平成7年の国勢調査でみると，農業を中心とした第1次産業が69.5％を占めており，次いで第2次産業14.4％，第3次産業13.9％の順となっている．

(2) 寝たきり予防啓発事業の内容

この事業は，要援護高齢者の閉じこもりを防ぎ，寝たきり予防をサポートすることを目的として，寝たきりの予備軍となる人とふれあう体験講座を開催し，住民に寝たきりにさせないようにする気運を高め，関係者や家族の意識向上を図りながら支援の場を提供し，地域全体で寝たきりを予防していくことをねらいとしている．平成11年に，寝たきり予備軍とされる本人とその家族お

よびボランティア，食生活改善推進員，民生委員，保健推進協力員等を対象に，「遊びリテーションリーダー体験講座」を社会福祉協議会（以下，社協という）と保健福祉課の共催で事業を実施している．その内容は次のとおりである．

① 寝たきり予防事業促進会議（随時開催）
　1）事業実施に関する協議・検討・打ち合わせを行う（保健・医療・福祉関係者8名でプロジェクト班を構成）
　2）要援護者の早期発見システム・福祉支援ネットワークの検討
② 普及啓蒙活動（「遊びリテーションリーダー体験講座」および「ふれあい広場」の開催）
　※閉じこもることが寝たきりをつくることを啓蒙
　　　　↓
　寝たきりは予防できることの啓蒙
　　　　↓
　住民パワーを参加させていく体制づくり
　（社協のボランティアセンターと連動させる）
　　　　↓
　※あの人を出したいという人（出たがらない人）をチームで，モデルケースとしてアプローチする（閉じこもっている人をどう出すか）．
③ おしゃべり隊員への研修および派遣
　※保健推進協力員会議で寝たきり予防の研修を実施し，協力を依頼する
　※社協の「ふれあいサロン事業」と連動させる
　　　会館または保健推進協力員の自宅で，お茶飲みしたい，話をしたい人（ゲートボールに行かない人達）が集う．活動費，お茶代を支払う．
　※実施後にグループワーク形式で報告会を開く
　　　　↓
　寝たきり予防講座を開催する

④　ケアプラン作成にかかわるスタッフの研修

※町内にある地域福祉センター（社協が運営）と保健センター，保健福祉課，国保診療所の縦割り的なサービスをなくしていくために，ケアプラン作成の研修会を開催しスタッフ間の事例に関する共通認識および理解を深める．

↓

※本人や家族に対してケアプランに基づいた適切なサービスが提供できるとともに，閉じこもりを防ぐことができる．

§2　援助のプロセス

ここでは，A町における「寝たきり予防啓発事業」の事例に基づいて，社協が進めるコミュニティワークのアプローチの方法について紹介する．

(1)　普及啓蒙活動の進め方

まず最初に，「遊びリテーションリーダー体験講座」の取り組みに関するタイムスケジュールを事前に事務局で作成し了承を得ておく．

次に社協の支部長会を開催し，その年度のモデル支部を選出する．そのうえで民生委員に体験講座の進め方について協力を依頼し，保健・福祉関係の各団体（例：保健推進協力員，婦人会，レクリエーション指導員会，ボランティア団体，ふれあいサロン実施支部など）に対して，体験講座開催への取りまとめと実施への説明を行っていく．ここで注意しなければならないことは，関係者だけの実施に終わることのないように，社協の機関紙に折り込みチラシを入れ地域住民に体験講座の開催について周知しておくことが重要である．

さらに，開催日のタイムスケジュールとそれぞれの役割分担に関する段取り表は，実施日の2週間前位に作成し各関係者に前日に説明し周知徹底しておくことが必要である．体験講座終了後，参加して意識が高まったモデルの2地区を選定し，閉じこもり高齢者のリスト作成と「ふれあい広場」参加への対象者

には，民生委員を通じて各世帯にチラシを配布し周知を図っている．「ふれあい広場」の対象者は，椅子に座れる要援護高齢者，閉じこもり高齢者，ボランティア，民生委員，福祉委員とし遊びリテーションをとおし，寝たきりにならないための学習および参加者同士の意見交換会を行うことで地域住民の寝たきりに対する意識改革につながるものである．

(2) おしゃべり隊員への研修および派遣

「おしゃべり隊」とは，地域の仲間が自由に集まりその場を利用してお茶を飲みながら気軽に寝たきりに関する話をすることによって，寝たきりの防止につながることが発想になっている．そこで，保健推進協力員に「おしゃべり隊員」としての協力を依頼した．

これまで保健推進協力員の仕事といえば，ガン検診などへのお知らせを地域に配布していくことが主であり，当初，この事業に参加した人は数名であったが，実際に研修を受けて自分の地域で活動を展開した結果，思わぬ反響がかえってきた．「お年寄りの目の輝きがきた時と帰る時ではちがっていた」「もっとやりたいし，自分も役に立ちたい」「いろいろな人と会えて刺激になった」など．

社協の「ふれあいサロン（お茶飲み会）」は，小地域（支部）単位「お茶飲ませ隊」を組織しボランティアリーダーのもと1支部を運営する．それと連動することによって，「おしゃべり隊」は住民が主体となって展開する活動であり，住民パワーの連携と会話を通じて，地域のなかでのコミュニケーションがどれだけ重要であるかを再認識する活動になっている．しかし，こうした集まりに出てこられない人をどうするか，ということが隊員や参加した高齢者の共通の問題意識でもある．今後は，保健推進協力員だけでなく他の活動組織にも働きかけ，隊員の増員とさらに「気軽に」「いつでも」コミュニケーションが取れる，地域に根ざした活動が期待されている．

このようなM町の活動は，社会福祉法人発足時からできたものではなく，

社協の役員，支部の役員，福祉委員などの研修会を何度も重ねることによって，関係者の意識や認識が少しずつ変化してきた結果であるといえる．

さらに，地域福祉活動を展開するために，地域のさまざまな社会資源（サービスや住民パワーなど）を活用し各団体との連絡調整を日頃から行い，地域にどれだけの福祉ニーズがあるのか調査およびモニタリングなどを進めながら，地域の状況を把握してきたコミュニティワーカーの果たすべき役割は大きいといえよう．

【演習課題】
① 自分の住んでいる地域の状況について，アセスメントして下さい．
② 地域住民が，主体的にボランティア活動や地域行事へ参加していくためには，どのような参加の方法があるか考えて下さい．
③ 事業や福祉活動を，スムーズに展開していくさいの広報または啓発について，どのような留意点があるか考えて下さい．
④ 地域の各関係機関・団体について調べ，その連携を取るためにはどのような視点から進めたらよいか考えて下さい．
⑤ コミュニティワーカーの果たすべき役割とは何か，その役割を実際に行うためにはどうしたらよいか考えて下さい．

参考文献
- 財団法人・長寿社会開発センター編『平成9年度健康開発（寝たきり予防）啓発事業事例集』財団法人・長寿社会開発センター，1998年

21 病　　院

§1　クライエントの紹介

　A子は，慢性関節リウマチと化膿性膝関節炎の治療を目的に入院している62歳の独身女性である．女学校を卒業後，小学校の代用教員として4年間勤務し，その後は一般企業の事務職員として，57歳の定年まで勤務している．現在は年金生活である．64歳の兄と58歳の妹は遠くに離れて暮らしていて頼ることはできない．

　事例の概要は，次のとおりである．慢性関節リウマチの発症は21歳の時である．朝起きた時に，リウマチ症状のひとつである"朝のこわばり"を手指に自覚し，近所の病院を受診して確定診断を受けた．その後，症状は進行して，30代後半には関節痛が出現，40代前半には手指・足趾の変形が強まり，その間，いろいろな医療機関を受診している．1年前から左膝の痛みと腫れがあり，かかりつけ医を受診するが，徐々に歩行困難になる．その後，精密検査で化膿性膝関節炎と診断される．抗生剤の投薬を受けて炎症は鎮静化するが，歩行障害が残った．

　A子が自立歩行を強く希望したため，かかりつけ医の紹介によりリハビリテーションを目的に入院してきた．自立歩行のためには左膝関節を固定することが必要で，A子も治療方針を了解している．しかし，A子は手術（関節固定術）には拒否的で，あくまで自然固定を希望した．そこで「装具で2ヵ月間固定してみて，効果がなければ手術も含めた方法を再検討する」治療方針が採用された．

　A子は自分の障害に非常に神経質で，膝が固定されるまでの間，誤って膝関節に体重をかけてしまうことがないように，これまで以上に病棟ヘルパーに身の回りのことを頼むようになった．看護スタッフには，必要以上にA子が病棟ヘルパーに依存しているように思われた．それに加えて，A子は自分の要求や

不満をはっきりと訴えて自己主張するので，看護や訓練を担当するスタッフはA子に共感をもちにくく，必要な医療処置や訓練の時以外は距離をおいてしまいがちになっている．医療チームは，A子を「扱いにくい患者（問題患者）」と感じており，医療チームには苛立ちがみられた．

§2　援助のプロセス

(1)　インテーク

A子は単身生活者で，慢性疾患を抱えており，また障害程度が重度のため，退院計画の対象者である．主治医はソーシャルワーカーに退院援助とともに，A子の現在の気持ちを聞き取ってほしいと依頼した．ソーシャルワーカーは依頼のあった退院援助の説明を通して，まずはA子とコミュニケーションを図り，A子の現在の気持ちを知ることから始めることにした．

インテークでは，なぜソーシャルワーカーがA子に会うことになったのか，主治医はソーシャルワーカーに何を依頼したのかなど紹介経路を説明した後，退院援助の機能を説明して，何か援助できることがあったら手伝うことをはっきり伝えて援助関係を形成しようとした．

次に，A子が直面している問題と状況を把握しようとした．その結果，身体のことを第一に考えてきたA子の生活歴が語られた．リウマチの診断を受けた後，生活の安定のために小学校の代用教員を辞めて大企業の事務員に就職したこと，老後の年金生活を考えて35年間勤務に励んだこと，結婚したかったが病気のことを考えて独身を選択したことなど，「私の面倒をみるのは私自身」と考えて生きてきたA子の人生が語られた．

このように用心深く病気と付き合ってきたにもかかわらず化膿性膝関節炎になり，しかも「これはリウマチの痛みじゃない」とかかりつけ医に訴えたのに取り上げられず，半年以上も治療が遅れたこと，その結果，歩行障害が長引いて生活の質も下がってしまったこと，さらには膝関節を固定しなければならなくなったことなど，A子の心のなかにある怒りや恨み，悲しみや失望が語られ

た.

　自宅は集合住宅の3階で，エレベーターもないので退院後の生活をどうしたらいいか困っていること，将来は老人施設の利用を考えているがまだその時期ではないことなど，A子は老後の生活を再編成しなければならない問題にも直面していた．

　それにしても「あのとき自分の訴えを取り上げて適切に膝を処置してくれさえすれば，こんなことにはならなかったのに」と悔しい思いを抑えられないでいる．しかし，今は膝の治療に専念して，無理をしないで，病棟ヘルパーに頼めることは手伝ってもらうのだと気持ちを切り替えている．

　ソーシャルワーカーは，A子がこうした感情を十分に表現できるように，しかし，プライドの高いA子が話しすぎたと感じることがないように注意深くコミュニケーションを進めた．

(2) ケースカンファレンス

　ソーシャルワーカーは，A子と医療チームの関係のなかでいま起こっている問題を整理するために，A子の怒りや恨みの気持ちに関する理解を医療チームにフィードバックするなどして，A子と医療チームの橋渡しの役割を果たした．

　ソーシャルワーカーは，A子について次のようなアセスメントを報告した．

　① 自分のペースを主張するA子の強引さは，むしろ彼女の長所（資源）である．この強さがあるからこそ35年間も仕事を続けられたし，A子の長年のがんばりには，彼女のしっかりとした生き方が認められる．

　② プライドが高いA子は，不安を感じるからこそ外側には強気になっている．不安をそのまま出して（依存して）くれば共感もわくが，A子は弱さの代わりに強いふりをするので，そんなに強がらなくてもいいではないかと医療チームはイライラしている．しかし，A子の不安と困惑はとても大きいと報告した．

これに対して，医療チームの幾人かは，「この人はそんなに弱くはない．威張っているし，強引だ」と納得しかねていた．ソーシャルワーカーは，A子の生活歴から理解できたことを再度伝えた．進行性の疾患で，徐々に悪化することに対する不安，恐怖，怒りなど，いろいろな感情に共感しながら対応するか，無視して障害部位だけに注目していくかでは援助関係はまったく異なる展開になる．A子を「患者」としてよりも，「生活者」という視点でとらえることが大切だと考えたのである．

大方の納得を得たところで，治療方針が検討された．その結果，ソーシャルワーカーが提案する方針が採用された．つまり，A子のこれまでの闘病方針と医療チームの方針の折り合いをつけて進めないと治療効果が得られないことは明らかである．そこで，治療方針の決定は，A子が積極的に参加して行われることを提案して了承された．

(3) その後の経過

最終的には膝の自然固定はうまくいかず，関節固定術が行われた．その場合でも，A子が治療法を自己決定できるように，ケースカンファレンスにはA子の参加が求められた．これまでの治療経過をA子と一緒に評価した．新たな治療方針を決定するにあたっては，A子もいろいろな質問や疑問を出して積極的に参加した．

手術後のリハビリテーションを終え，A子は杖を使用して短距離の平地歩行が可能となって自宅に退院した．地域の社会資源を活用する退院援助が行われた．その場合も，ソーシャルワーカーはA子の求めに応じて利用可能な制度やサービスを積極的に紹介はするが，利用を決めるのはあくまでもA子であるという姿勢を保った．

(4) 考 察

医療や福祉における利用者と専門職の関係では，力関係の不均衡が起こりや

すい．その原因は，利用者―専門職関係が専門職主導の関係になりやすいことにある．サービス利用者の「最善の利益」を知るのは専門職の私達だけだという特別意識が生まれやすく，利用者本人やその家族の意向を引き出す努力が不十分になりがちである．治療計画や退院計画の立案が本人不在で事後承諾の形で行われることも少なくない．多くの患者は，入院すると「患者の役割」を果たすようになり，病棟規則や治療方針に適応して従う．A子のように，治療チームに依存してくれない患者は全体的には少数だが，適切な対応がなされない場合は，「いわゆる問題患者」として扱われてしまいがちである．ソーシャルワーカーには，どちらか一方の意見を代表して相手を説得するのではなく，治療チームと患者が相互に理解することを助け，課題を整理して，両者が一致できる点を明確化する「媒介者」の役割を果たすことが期待されている．

【演習課題】
① クライエントを一方的に非難しないこと（非審判的態度）について調べてみよう．
② ①の演習課題以外の，事例中のケースワークの原則に添った援助について調べてみよう．
③ 自分にとって苦手なクライエントのタイプをあげて，どう接したらよいか考えてみよう．
④ クライエントの生活歴を聞くことは，何の役に立つのか考えてみよう．
⑤ A子が退院時に利用できる社会資源について調べてみよう．その紹介方法も考えてみよう．
⑥ 医療チームでソーシャルワーカーが果たした役割について考えてみよう．

22 在　宅

§1　クライエントの紹介
　　　本人A子（75歳）リウマチ（身体障害者手帳1級，要介護度Ⅳ），
　　　　狭心症あり
　　　娘　C子（50歳）　会社員，介護者
　　　Yホームヘルパー　A子の受け持ち担当

　A子は，リウマチによる全身の関節痛による苦しみと狭心症発作への不安がある．そのため動きたがらず，精神的に不安定で，C子に対してよく怒鳴ったりする．訪問看護婦や訪問介護員（ホームヘルパー）（4名がかかわっている）にも細かな要望が多く，自分の思い通りの援助でないと拒否したり，「死んだ方がまし」と訴えることが多い．現在，ホームヘルパーやC子からの問いかけにはうなずくだけで，まともな会話はなく，近隣との交流もない．デイサービスなども勧められているが，いつも断っている．移動には車椅子を使用している．

　C子は働きながら10年来，A子を介護してきた．以前は介護に熱心だったが，A子から怒鳴られたり，介護がむずかしくなったことから介護意欲が低下している．A子に対して，常にきつい口調で接し手荒な介護をしたり，決まったメニューの食事しか用意しない．世間体を気にし，近隣やホームヘルパーなどに「頑張っているのよ」と訴える．C子はホームヘルパーからA子への対応や食事内容などについて聞かれると，サービス提供を拒否しようとする．C子の会社での人間関係は良好のようだが，自宅に訪問客はない．

　現在は，ホームヘルプサービス（1日3回）のほか，週1回の訪問看護を受けている．

§2 援助のプロセス

(1) ソーシャルワーク的アプローチに着目したホームヘルプのプロセス

① 第1段階　苦痛の軽減を図りながらの信頼関係形成や利用者参加，援助展開のポイントを探索

　YホームヘルパーはA子の痛みに対応した援助方法を展開し，介護技術面への信頼を得ながら，A子とのコミュニケーションを図ろうと努力したが，要望以外に発語はなかった．具体的には，身体介護を行いながらリウマチの痛みをうけとめ，痛みを最小限にできるような車椅子への移乗方法などを，A子の状態や気持ちを確認しながらともに考え，細心の注意を払い離床を促していった．

　A子はテレビにも関心を示してなかったが，テレビをつけて清拭をしていたある時のA子の些細な反応（川柳の番組をみている様子）に気づいた．Yホームヘルパーが，A子の川柳への興味を感じ，「川柳はどうですか」と問いかけても，返答はなかった．

② 第2段階　利用者の自己表現の促進，ポイントをおさえた援助による利用者の変化

　A子にとって痛みの少ない時間帯で，食事や排泄を済ませてお茶をホッとした表情で飲んでいる時に，やはりA子は川柳に興味があるのではないかと考え，Yホームヘルパーは自分の気持ちを川柳（己身の話術不足に悩みつつ遠の眠りの心開くを）にして伝えてみた．すると，A子は驚いた様子で，「川柳なさるの？」と初めて声をかけてきた．A子は，今までのYホームヘルパーの声かけや丁寧な介護を思い出し，痛みと発作への恐怖で動けなかったことや，C子の介護の酷さについて話した．このような状況が長く続き，何の意欲もわかずリハビリも嫌になっていたことや，川柳は好きであったが病気のため川柳の楽しみを捨てていたことなどがわかった．こうして，YホームヘルパーはA子のさまざまな思いを聴くことができた．

　YホームヘルパーはA子から川柳を教えてもらいながら，A子に季節感や心

地よさを感じてもらえるような川柳を交えながら，業務を行った．A子も自分の気持ちを川柳（今の世に幸せという字を身に受けて　病の痛み今日も過ぎゆく）で表現してくれるようになり，会話が増え，表情も明るくなった．

③　第3段階　家族関係の調整，アドボカシー

C子の介護には，身体的，心理的な虐待や食事準備の放棄が見受けられたが，C子は川柳をきっかけとしたA子の変化（笑ったり会話をするようになる）に驚き，介護に関心を抱くようになった．Yホームヘルパーは，C子とともに介護を行いながら，「丁寧に介護しないと痛いでしょう？　痛いと怒りたくなりますよね」と，A子の気持ちを代弁しながら，A子の痛みや発作への不安，リウマチへの対応などについて折にふれ話した．また，A子と一緒に食事をテーマにした川柳をC子にみてもらい，食事を楽しみにしていることを何気なく伝えた．その後，バラエティのある食事の日には，A子自身が川柳でC子に喜びと感謝を表現するようになった．

④　第4段階　心理面・身体面・社会面のエンパワメント

A子は死にたいといったり怒ることはなくなったが，狭心症への不安は依然あり，外出への意欲はなかった．そこで，手先のリハビリから始め，元気の出る川柳を毛筆で書いてもらった．通院介助時には，他のリウマチ患者にその川柳を披露して元気づけ，待合室に飾ってもらえるようにコーディネートした．他のホームヘルパー等とも連携し，リハビリを兼ねて夕飯のための買い物に出かけ，A子と同じように要介護の状態になって関係が途絶えた近隣の知人等とも交流できるようにした．A子はこの交流をとても喜び，リハビリや季節，地域などにも関心をもつようになった．ずっと拒否していたデイサービスを再度勧めると，「川柳ができ，リウマチの人がいて楽しいならいってみたい」と前向きであった．デイサービスでは，川柳を詠んだり，リウマチ患者と話しこむようになった．リハビリへの積極的参加がみられ，狭心症への不安も口にすることはなくなり，生活全体が再構築されていった．

(2) 考　察
① ホームヘルプにおけるソーシャルワーク的アプローチ
1）ケースワーク的アプローチ

ホームヘルプはクライエントの家庭における援助なので，ホームヘルパーの行うコミュニケーションや相談・助言は生活場面面接である．その特徴は，ホームヘルプのようなケアワークの場合，清拭やリハビリなどを行いながらの面接となっていることである．本事例でも，クライエントの関心事への気づきが援助展開のポイントとなったり，川柳をクライエントの表現手段とすることができたのは，生活場面面接の活用がベースにあったからであると考えられる．また，疾患に対する家族の理解を得たり，利用者の気持ちを代弁するためにも生活場面面接は有効であった．

2）グループワーク的アプローチ

リハビリのための買い物や，通院外来の場でグループ交流を意図的に設けることで，クライエントのエンパワーメントを図ることができた．

3）コミュニティワーク的アプローチ

グループワーク的アプローチを，さらにコミュニティを視野に入れて行ったことによって，他のクライエントとの交流や社会貢献，気の合う仲間同士の買い物ツアーなど，社会的交流が拡大していった．

4）ケアマネジメント

ホームヘルパーが，さまざまなソーシャルワーク的アプローチを統合的に活用して，クライエントのニーズの明確化やモニタリングとともに，新たなサービスへの受け入れなど生活全体が変化しケア計画も見直された．

② ホームヘルプにも共有できるソーシャルワークの視点
1）エンパワメント

当初，クライエントは心理面と身体面の相互作用により社会生活面でもディスエンパワメントの状態であった．ホームヘルパーは身体介護に生活場面面接を活用し，信頼関係を深め，クライエントの関心を援助展開のポイントとして

生かした．このように，統合的なソーシャルワーク的アプローチにより，すべての面が連鎖的にエンパワメントされた．

２）アドボカシー

家族関係の調整と同時に，介護を行いながらクライエントをアドボケイトできたのは，生活場面面接の効果と考えられる．

３）人権（虐待・放棄）

明らかではないが，家族の虐待や放棄に近い対応はクライエントの生きる意欲を失わせていた．痛みや疾患への不安から，クライエント側の家族への対応も厳しくなり悪循環となっていた．この場合，ホームヘルパーのかかわりは容易ではないが，生活場面面接の活用によりクライエントに変化をもたらし，家族も介護意欲を強めていくことができた．

【演習課題】
① バイステックの7原則を活用している点を具体的にあげなさい．
② 事例中の生活場面面接的アプローチをあげなさい．
③ ケアワークにおける生活場面面接の効果について考えよう．
④ ホームヘルパーはソーシャルワークをどのように活用できるか具体的に考えよう．

索　引

あ　行

アセスメント　25
　——水準の決定　40
アドボカシー　136
1歳半健診　76
意図的な感情の表出　23
インシデント方式　57
インターベンション　25
インテーク　25
インフォームド・コンセント　5
エバリュエーション　25
エンパワメント　107, 136
親子教室　105

か　行

開始期　31
カウンセリング　21
活動
　——の実施　36
　——の評価　36
活動計画　36
共感　14
記録　44
グループワーク　20
ケアカンファレンス　50
ケア（ケース）マネジメント　21, 35, 39
ケアプラン　43
　——の作成　40
　——の実行　40
ケアマネジャー（介護支援専門員）　39
ケアワーク　22

傾聴　13
ケースカンファレンス　88
ケースヒストリー　46
ケースワーカー　118, 119
ケースワーク　20
コノプカ，G.　29
個別化　23
コミュニケーションスキル　66
コミュニティソーシャルワーク　35
コミュニティワーク　20, 35
コンサルテーション　21

さ　行

再検討　40
作業期　31
ジェノグラム　60
自己覚知　30
自己決定　25
自己理解　66
施設サービス計画　113
慈善組織協会　18
児童相談所　77, 85
児童福祉司　85
児童扶養手当　115
社会資源　27
社会福祉協議会　125
終結　25
　——期　31
重症心身障害児施設　91
主任児童委員　85
主任指導員　86
受容　24
準備期　31
情報公開　40

叙述体　46
自立生活　98
自立生活センター　100
事例研究　55
身体障害者療護施設　97
心理相談員　105
スーパービジョン　21, 51
生活場面面接　137
説明体　47
セツルメント活動　18
セルフヘルプ・グループ　107
ソーシャルアドミニストレーション　21
ソーシャルサポートネットワーキング　21
ソーシャルプランニング　21
ソーシャルワーク　18
ソーシャルワークリサーチ　20

た　行

他者理解　66
担当保育士　86
地域アセスメント　36
地域ニーズの把握　36
知的障害児施設　102
デイサービス　136
ティムズ　47
統合保育　77
統制された情緒的関与　24

な　行

難聴幼児通園施設　102
ニーズアセスメント　40
ノーマライゼーション　19

は　行

媒介者　133
バイステック　3, 23
波長合わせ　32
ハーバード方式（法）　55, 56
ピア・カウンセリング　100
PT　94
非審判的態度　24
秘密保持　25
ファミリーマップ　60
フェイスシート　46
福祉事務所　91
プランニング　25
保育士　105
保育方針　78
訪問介護員　94
保健所　102
保健婦　105
母子相談員　114
ホームヘルプサービス　134

ま　行

マッピング技法　47
民生委員　125, 126, 127
モニタリング　40

や　行

要約体　46

ら　行

ラポール　3
リハビリテーションセンター　97
療育計画　93
ロールプレイ　4

編著者略歴

相澤　譲治（あいざわ　じょうじ）

1958年生まれ
1983年　四国学院大学大学院文学研究科社会福祉学専攻修士課程修了
現　在　平安女学院大学現代福祉学科助教授
主　著　『障害者ケアと福祉実践』（相川書房，1998年）
　　　　『障害者福祉を学ぶ』（学文社，1996年，共編著）
　　　　『介護福祉概論』（学文社，1998年，共編著）等

ソーシャルワークを学ぶ

2001年4月1日　第一版第一刷発行
2003年4月10日　第一版第三刷発行

編著者　相　澤　譲　治
発行者　田　中　千津子
発行所　㈱学文社

郵便番号　153-0064　東京都目黒区下目黒 3-6-1
電話（03）3715-1501（代表）　振替　00130-9-98842

乱丁・落丁本は，本社にてお取替致します。　　印刷／シナノ印刷
定価は，カバー，売上カードに表示してあります。〈検印省略〉

ISBN4-7620-1002-2